他人の足を引っぱる男たち

河合 薫

JN230837

日経プレミアシリーズ

プロローグ　伝統芸〝足を引っぱる〟

「役員会議なんて、足の引っぱりあいばっかですよ」

「男性の劣等感が女性の足を引っぱる会社って、どうなんですか？」

「自分はこんだけ大変な思いしてやったんだから、お前もやれ、みたいな足の引っぱりあい。意味わかんない」

「日本人ってなんで頑張ってる人を応援できないのかね。足引っぱることばっかしてさ」

「うちの会社って、足の引っぱりあいがすごいんです。お互いの牽制感、半端ないっす」

……etc, etc.

足を引っぱる——。
私は何度も、この言葉を「会社員」から聞かされてきました。

あるときは会社のお偉いさんから、あるときは入社したての若手社員から、あるときは男社会で闘っているキャリアウーマンから、そして、あるときは中年真っ盛りのおじさん会社員から、「これでもか！」というほど耳にしました。

「っていうか、日本って、足を引っぱる人だらけじゃん」

なるほど。確かに。足の引っぱりあいは、もはや〝ニッポンの伝統芸〟なのかもしれません。

とりわけ、年齢、役職、職位、職種など、あらゆる上下関係を基盤とした会社組織では、より鮮明に「足の引っぱりあい」が頻発します。ある人は被害者として、ある人は加害者として、そして、ある人は目撃者として「足の引っぱりあい」に参加しています。

大手企業に勤める45歳のササキさん（仮名）もその一人です。彼は「ある事件」をきっかけに、うかつにも〝伝統芸〟に手を染めてしまいました。

とある会社員のカミングアウト

「私が45歳のときに、年下が上司になりました。

自分はそれなりにやってきたという自負があったので、越されたのはショックでした。しかも、彼は明らかに上しか見ていない男で、『こんなヤツに負けているのか』と思うと悔しくてね。

そんな悶々とした気分で過ごしていたある日、長年ライバル会社のクライアントだった顧客を、私が取ることに成功したんです。そりゃあ、もううれしかったですよ。しかも、社長賞をもらえることになってね。金一封。10万円ですよ。うれしかった〜。折れかけていた心が、なんとかつながりました。

ところが授賞式に行こうとしたら、『アナタは来なくていい』と彼に言われたんです。彼というのは、その年下上司です。それでまるで自分の手柄のように、社長から記念品と10万円を何食わぬ顔で懐にしまい込んでね。もう、怒りを通り越して笑うしかなかったですよ。それで私の中で、ナニかが切れた。完全に心のバランスが狂ってしまったんです。

それからというもの、私は会議でわざと彼が知らないような質問をしたり、『役員会議用につくってほしい』と頼まれた資料を、わざと忘れたふりをしたり。話しかけられても無視したし、忘年会の連絡をわざとしなかったりもしました。

……思い返すだけで恥ずかしい。今思えば、彼は私が思うほど悪いヤツじゃなかったかもしれない。

でも、あのときは、彼はそれだけひどいことを自分にしたんだから、やられたって仕方がないじゃないかって。私は彼の足を引っぱることでしか、自分の存在を確認できなくなっていたんです」

組織は感情の吹き溜まり

私はかれこれ15年以上、フィールドワークとしてビジネスパーソンをインタビューしてきました。ササキさんを含め、総勢７００人近くになります。

インタビューでは、ひたすら自身のキャリア人生について語ってもらうのですが、彼らが吐露する言葉には「その場」にいた人しか知り得ない生々しさがあります。生きた言葉とでも言いましょうか、現実はドラマ以上にドラマティックと言いましょうか。

そして、彼らが抱える問題、ストレス、悩みに耳を傾ければ傾けるほど、会社という組織が「感情の吹き溜まり」であることを、うんざりするほど思い知らされる。人間関係がすべての問題の根源であり、いかに感情をコントロールするかが極めて重要だと痛感させられるのです。

ところが、これがすこぶる難しい。ササキさんが当時の自分を恥じたように、つい、本当につい感情が理性を凌駕し、「足を引っぱればいいじゃん。そしたらス～ッとするよん」という魑魅魍魎《ちみもうりょう》の誘惑に負けてしまうのです。


「責任逃れ落とし」「アピ潰し」……豊富なバリエ

ササキさんが手を染めた、年下上司の足を引っぱる「若者潰し」は最近のトレンドです。20代、30代の褒美レス世代は「おっさんたち、失せろ！」と、「おじさん潰し」に走り、40代は「あいつには越されたくない」と最後の望みをかけ「同期落とし」に没頭し、50代は「あいつにだけいい思いはさせない」とありとあらゆる手段を尽くします。

デキる女をターゲットにする「女性潰し」も増殖中ですし、「私は指示を出したんですが、●▽が○○に提出しなかったんです」といった「責任逃れ落とし」もあちこちで横行しています。虫が好かぬ人の足を引っぱる「悪評流し」や、全く関係ない外野が他人の成功を邪魔する「出る杭叩き」などは、ストレス社会、格差社会の産物かもしれません。

また、意識高い系の若い世代は、「○○さんはお客さんとメールでやりとりしてるだけですからね」「▼▼くんは、帰国子女だから」などと、全く必要のない情報を上司に伝え、自分の頑張りや知識をアピールする「アピ潰し」を乱用します。

年長者の中にも「アピ潰し」上手がいますが、彼らは会議などを利用するので、まるで「公開処刑」です。

もちろん、昭和の時代から横行していた出世争いに起因する「ライバル落とし」や、最後の最後で自分がかわいくなる「ハシゴ外し」、限界に達した人の得意技である「他人くさし」はいまだに健在です。大卒が主流の組織で下克上のごとく上がってきた高卒社員の足を引っぱる「学歴落とし」も、根強く存在します。

彼らはなぜ会社員を辞めないのか

ところが不思議なことに、会社員はどんなに足を引っぱられても、会社を辞めません。「これ以上足を引っぱるようなら徹底的に闘います。やられたらやり返す。倍返しだ！覚えておいていただこう」（by 半沢直樹）

日曜夜のドラマ『半沢直樹』の名文句に、「くっそ～、会社で言ってみてぇ～！」と、溜飲を下げまくるだけで、「闘う」ことも、「倍返しする」こともせず、粛々と「会社員」を続けるのです。

かつてあこがれた「悠々自適」は死語になり、働き盛りという甘美な言葉は「社畜」に変わりました。「アンタの会社、こんなにローマ字だらけだったっけ？」と老いた母が不審がるほど、会社は統合・吸収・合併を繰り返し、挙げ句の果てに息子の同級生が上司になり、国が下手に情けをかけたおかげで定年までの時間は「給料泥棒」扱いされる始末です。

「ストレス」という言葉は会社員のためにあるのではないか、などと思えてしまうほど難行苦行の日々を過ごしているのに、会社員は健気に、毎朝「痛勤電車」に乗り込み、ベテラン社員をバカにする年下上司への怒りをこらえ、長時間労働に耐えながらも、「理不尽のるつぼ＝会社」に通い続けます。

会社員だけが罹患する「病」とは

「個人は、仕事を通じて自己実現することで、組織に貢献する。それに対して組織は、個人に社会貢献と自己実現の機会、生活に必要なおカネや社会的地位を与える」（by ドラッカー）

これは、エリート会社員が敬愛する「経営の神様」ことピーター・ドラッカー博士のお言葉です。

なるほど。どんなに悶々とした日常が繰り返されても会社員が会社員を辞めないのは、組織の外の人間が案じる以上に彼らはご褒美の恩恵にあずかっているからではないか。辞めることを思案した人が元の居場所に落ち着くのも、「今の方がまし」「変化より安心」と確信できる褒美があるからではないか。「しょせん、会社員ですから～」と自嘲気味に話したり、「会社員的な働き方だよね」と揶揄《やゆ》したり、「長年、会社員やってるとさ～」などと会社員を言い訳に使うくせに、会社員を辞めないのは、儲かっている人が「儲かってます！」とわざわざ言わないのと同じでは？　と私は勘ぐっているのです。

会社という組織には、安定した金銭などの経済的報酬に加え、昇進や新しい仕事にチャレンジする機会なども準備されています。人当たりの良さとか、体力とか、しぶとさとか、声の大きさとか、怒り方のうまさとか、人をその気にさせる力なども組織では重宝され、評価されます。

もともと村社会で生活していた日本人は仲間からの尊敬が大好物。会社員にとって、他者からの心理的報酬は「自分の価値への指標」です。ひょっとして彼らは、「会社員」であることを人間の最低条件のように捉えているのではないか、なんて考えてしまうこともしばしば。

申し遅れましたが、私はANAに4年、ウェザーニューズに4年、トータル8年間「会社員」を経験しました。どちらも「組織の一員」でいることが性に合わず辞めたわけですが、実際に会社員を辞めると、自分のやる気とか、自分の能力とかに関係なく、「組織」というものが自分を守ってくれていたことに気づく。そして、それが「自分の居場所」になっていたんだと。

つまり、これです、これ。組織という一見やっかいな集合体には、「組織の人だけが享受できる褒美」が無尽蔵に存在する。「会社員」が自分のアイデンティティの一部になっている会社員にとって、足の引っぱりあいは「組織の褒美」をめぐる病のようなもの。それは自分がそこに「存在する意味」を誇示する闘いであり、「会社員という病」です。そして、その「会社員という病」が、かつてない感染力で広がり、「一億総足引っぱり社会」になっているのが、今の日本なのです。

シャーデンフロイデは〝ジジイ化〟への第一歩

会社とは本来、人を「元気」にする理想郷でした。特に1970年代後半に、政府が「日本型福祉社会」に舵を切ってからは、日本の企業は「社会福祉の担い手」として、新卒一括採用、入社後の教育、年功賃金、福利厚生を充実させ、会社員を家族のように大切にしました。

心理学者のマズローが提唱した「ユーサイキアン・マネジメント（働く人々が精神的に健

康であり得るためのマネジメント）」が実践されていたのです。

高野山に建立されているたくさんの「企業墓」は、まさにその時代の象徴です。１９３８年の松下電器産業（現・パナソニック）を始まりとする株式会社の企業墓は、日産自動車、ＵＣＣ上島珈琲、ヤクルト、キリンビールなど名だたる企業に広がりました。

しかしながら「会社組織」は、平成の30年の間で大きく変わりました。会社員は「人」ではなく「コスト」になり、会社を守るために人がリストラされ、賃金カットの目的で成果主義が取り入れられ、業績の上がらない部署は切り捨てられ、非正規という「低賃金でいつでも切れる社員」を増やしました。

会社組織がもたらす褒美も時代とともに激減し、手に入れる競争も激化しました。それを見透かしたように、会社組織はわざと褒美を目の前にぶら下げ、会社員たちの競争心を煽り、その一方で一度与えた褒美をいとも簡単に奪いとったり。まったくもって節操がありません。

会社員はそんな会社組織の不合理に薄々気づきながら、いや、逆に気づいているがゆえに、「無駄な努力をするより、相手を下に落とした方が楽だよ」という甘いささやきに身を委ねます。コスパを重視し手っ取り早く足を引っぱる「コスパ落とし」を習得していくのです。

やっかいなのは、「足を引っぱっている」本人だけでなく、それを傍観している人たちまでもが「他人の不幸は蜜の味」とばかりにシャーデンフロイデに酔いしれ、「足を引っぱられた人に、引っぱられた原因がある」という空気が組織に漂うこと。

「シャーデンフロイデ」とは心理学用語で、「いい気味だ」「ざまあみろ」と表現される経験を表す言葉です。嫉妬心や妬みと強く関連し、自己愛の強い人ほど強く、その不幸がさほど深刻ではない場合に容赦なく沸き立ちます。

「あいつ、外されたんだって？　もうちょっとうまくやりゃ、よかったのにな」

「そうそう。部長もアレだけど、本人にも問題あるよね」

といった具合です。

組織内にシャーデンフロイデが蔓延すると、いつの間にか足を引っぱられた「被害者」が非難されるというあべこべが起こり、加害者は見過ごされていきます。

何を隠そう、シャーデンフロイデは〝ジジイ化〟への一歩です。

そうです。ジジイ。あのジジイです。足を引っぱることは、拙著『他人をバカにしたがる男たち』（日経プレミアシリーズ）で定義したジジイへの道のりの始まりなのです。

ジジイとは――

「変化を嫌い、自分の保身だけを考え、『会社のため』『キミのため』と言いながら、自分のために既得権益にしがみつき、属性で人を判断し、『下』の人には高圧的な態度をとる人びと⇕オジさん、オバさん」

拙著『他人をバカにしたがる男たち』

ジジイと自覚しないジジイたち

「ジジイ」とは〝ジジイ的〟なるものの象徴で、決して「オジさん」のことをさしているわけではありません。「女性のジジイ」もいるし、「若いジジイ」もいるし、50代でもジジイじゃない男性はいます。

そして、誰もが例外なくジジイ的なものを心の奥底に秘めているので（私も含め）、ジジイの生態を分析することで、そちら側の人間にならない方法を提案してきました。

本の帯の「職場に社会にはびこる『ジジイの壁』の正体」という刺激的なフレーズは筆者の想像以上にウケたようで、反響も大きく、

「うちの会社のジジイの壁、半端ないっす」

「ジジイの壁と日々闘ってます」

「2018年はジジイの当たり年でしたね」

「ジジイにならないように気をつけます」

……etc, etc、本当にたくさんの感想やご意見をいただきました。


が、それ以上に圧倒的に多かったのが、「ジジイは自分がジジイと気づかない」という、笑えない事実です。

「うちの会社のジジイたちが『いるいる、こういうヤツいるよな〜』と笑ってます」

「ジジイにジジイだと気づかせるにはどうしたらいいですか？」

などなど、ジジイはジジイを嘲《あざけ》り、まるで他人事だと。そのジジイに、頭を抱える人の多いこと、多いこと。

でも、なぜジジイがジジイと認識できないのか？　その理由はおわかりいただけましたね？

ジジイは「会社員という病」に侵されているのです。足の引っぱりあいが日常茶飯事の組織では、足を引っぱっている人はもとより、それを「他人事」のように疎《うと》んでいる人も、「会社員という病」に侵され、ジジイ化の道のりを歩んでいるかもしれないのです。

そして、悲しいかな、年々減らされていく「椅子」をゲットするのは、足の引っぱりあいの勝者である「大ジジイ」なのです。

腐敗した組織の陰に「大ジジイ」

2018年は、まさに大ジジイの当たり年でした。日大アメフト部監督の末路、財務省事務次官の末路、日本ボクシング連盟会長の末路……、いずれも悲惨でした。いずれも昔はみんなから慕われていたはずなのに、まさに「晩節を汚す」見本でした。

本来、階層組織の上位者はたくさんのリソースを手に入れた会社員の逸材であり、SOCが高く、豊かな人生を晩年まで送れる切符を手に入れた人たち……のはずでした。

ところが、会社の褒美をひとつ、またひとつ、と手に入れるうちに、誠実さや勇気、謙虚さや忍耐といった人格の土台は崩壊し、「SOC」は完全にフェイク化。大ジジイが君臨する組織は〝ウミ〟だらけの組織に凋落《ちょうらく》します。組織の上層部は教条主義、前例至上主義に陥り、緊迫感が全くなく、二言目には「誰のおかげだと思ってるんだ?」とリターンを要求するため、現場は「何をやっても無駄」とあきらめ、やがて腐っていくのです。

SOCとは前著でも紹介したSense Of Coherence＝首尾一貫感覚のことです。ユダヤ系アメリカ人の健康社会学者アーロン・アントノフスキー博士が提唱した、「人生にあまねく存在する困難や危機に対処し、人生を通じて元気でいられるように作用する、人間のポジティブな心理的機能」です。

SOCは孤独な老後を遠ざける

脚本家の鴻上尚史さんと対談したときに、SOCについてお話ししたところ、「世界が最終的に微笑んでくれるという確信」と表現してくださいました。まさにSOCとは、人生思い通りにいかないけれども終わるときに「まあ、いい人生だった」と思える感覚のこと。人生100年時代、SOCの高さこそが人の幸福感を左右するといっても過言ではありません。

そのSOCが、「会社員という病」に侵された途端、フェイク化していくのです。足の引っぱりあいをしている場合じゃないのです。SOCがフェイク化した人は、やがて変化する現実（環境）への適応が利かなくなります。

「ひとつの会社で勤め上げて、はい、おしまい」の時代が終焉を告げた今、現実に適応できない人の末路は悲惨です。権力に執着し、役職にしがみつき、周りに厄介者扱いされながらも、それに気づくこともできず、孤立していきます。

足を引っぱられたら、「倍返し」しなくてはいけないのです。

「うちの会社は足の引っぱりあいばっか」などと嘆いているうちに、自分も足の引っぱりあいに参加しているかもしれないのです。

そこで本書では、「人生100年時代」をちょっとだけいい人生にするために、SOCの類似概念を用いることで、SOCとフェイクSOCの違いの理解を深め、足を引っぱられても「倍返し」する方策を探ります。高いSOCさえあれば、引っぱられたときに「倍返し」できる。それは、孤独で不機嫌なジジイ化を未然に防ぐ最良の作業でもあります。

ジジイ取りがジジイにならぬことを願って……。

河合薫

2019年4月

目次

第1章

他人の活躍を許せない人々

第5章 ジジイの末路

権威が権威でなくなる日 145

2018年は大ジジイの当たり年だった

「絶対感」が権力者を大ジジイ道にいざなう

なぜ新リーダーは前任者と真逆に向かうのか

大権力者の嵌まった陥穽

ジジイの辞書に「ノー」はない

権威というパワーの得体の知れなさ

足を引っぱることで誰が得をしたのか

組織の中で「自分がある」ということ

強い自己を持つ人はSOCが高い

環境と共存する人と環境に依存する人の違い

強い自己と「意志力」

【家族・仕事・健康】という3つの要因
あなたのパフォーマンスは「同僚との関係性」に支えられている
人を健康にするのは温かな人間関係
ジジイになった途端、幸せから遠ざかる
ポジティブアクション・1「筋トレ」としての挨拶
ポジティブアクション・2 自分から部下に声をかける
ポジティブアクション・3「オバちゃん」を目指す
思考停止から悪は生まれる
ジジイ化は会社員にとって安易な道
「最高の自由」は人生後半戦にならないと手に入らない
それでも、ジジイ化してしまった人のために

第1章

他人の活躍を許せない人々

足を引っぱる人たち

「会社員でいるときって、結局食えちゃうし、自分と向きあわなくてすむ。でも、会社を辞めると『なぜ、こんなことになってしまったのか』と内面への思考だけが進んで、負のスパイラルに入り込む。あの半年間は本当に、地獄でした」

——ナカタさん（仮名） 男性56歳

私のフィールドワークのインタビュー協力者の中には、会社で素晴らしい成功を収め、会社組織の最上階まで上り詰めたにもかかわらず、「驚天動地の事件」で会社を追われた人がいました。

その一人が、ナカタさんです。

私が最初にナカタさんと出会ったとき、彼は40代。飛ぶ鳥を落とす勢いで業績をあげ、「ごぼう抜き人事」により、49歳の若さで社長に大抜擢されました。

ところが、その数年後「社内クーデターで失脚」。連絡も途絶えていたのですが、現実とは小説より奇なり。なんと、ある企業の懇親会でバッタリ再会したのです。

1年間の引きこもり生活を経たナカタさんは、2年越しで社員10人の小さな会社を起業していました。そして、「自分の会社員人生にけじめをつけたい。話を聞いてほしい」と失脚に至るまでの「自分」を独白したのです。

足の引っぱりあいで会社を追われた会社員

「僕は補欠入社だったんです。だからどうにかして、『補欠』の汚名を返上したくてね。同期を見返してやろうと、社外の人にアポを取りまくって企画を出し続けました。

ところが、何度企画を出しても通らない。自分では面白いと思って提出するのに、いっこうに通らない。通らないから、協力してくれた社外の人に謝る。その繰り返しでした。

するとどうなると思う？

だんだんと外に出なくなって、内向きになっていくんです。

所詮、サラリーマンだから企画なんて出さなくても与えられた仕事はある。自分で言うのもなんだけど、上司からふられた仕事は人一倍できるから評価されるんですね。そうしているうちに『自分が面白いと思う企画』じゃなく、『上司が好きそうな企画』を考えるようになっていきました。

同僚や先輩と飲みに行き『企画の通し方』を教えてもらうと、案外簡単に企画が通るようになってね。あの頃の僕は、忖度《そんたく》と社内政治ばっかりうまくなってました。

自分の企画を通すために、上と飲みに行ってライバルの足を引っぱるような告げ口をしたこともあります。

『彼、仕事は早いんですけど間違いが多い』とか、

『彼はチームの和を乱す』とか。

上司はそういう情報を結構喜ぶしね。

『俺、何やってるんだろう』という気持ちはありました。でもね、それとは裏腹に上司に認められるとやっぱり居心地がいいんです。ポジションは確実に上がっていきますから」

上司が好きそうな企画を出し、嫉妬心から部下を飛ばす

「同僚や先輩と飲みに行っても話が合わない。でも『なんか違う』と思いながらも一緒に飲んでいると、自分の居場所ができるし、それなりに楽しい。そのうち思考停止するようになって、言われたことだけやるようになった。ますます外の人とは会わなくなってしまった

んです。

上司が替わって営業に異動になったときもね、心の中では『いつか絶対に戻れる』って思っているから、自分が企画部のリーダーになったときのことばかり妄想していました。

3年後に念願叶って、企画部の部長になって。部の業績が落ちて、前任者が飛ばされての人事だったので、自分のやりたいことをイメージどおりやれば、絶対に業績を回復できると過信していたんです。完全な独裁です。

部下には『近づきがたい存在』だったと思います。自分からそれを演じていた側面もあります。

だから、部下たちは僕が出したミッションを、人望のある古参社員に相談する。すると当初のイメージと違うものが出来上がってくるんです。

それが気に入らなくてね。出来不出来の問題じゃないんです。自分が言ったとおりに部下が動かないことが許せなかった。

そうなると『人事権』を使うわけです。若手が頼る『人望のある社員』を閑職に飛ばしました。

古参社員が気に入らないのではなく、若手から慕われていることが気に入らない。単なる嫉妬です。

そんな自分への恥ずかしさと負い目を払拭するために、若手を起用する。当然、彼らは喜ぶし、僕の言ったとおりに動く。これがまた気持ちがいいんです」

ある日、子飼いの部下が取引先に怪文書を……

ナカタさんの独白は続きます。

「最年少で取締役になったときも、社長になってからも、俺がトップになれば若手にチャンスが広がるから、みんな喜んでいるという自信があった。

社外の人たちは僕が『社長』になった途端、態度を変えるし、扱いが全く違う。飲みに行ってもチヤホヤされる。それはね、単純にうれしい。僕は絶好調で、調子にのっていたんです。

そんなある日、取引先から『変なものが届いているけど……、大丈夫ですか？』と連絡が来た。なんと取引先に、僕のプライベートを中傷した文書が配られていたんです。僕は奥さんも子供もいるのに『出会い系に登録している』とか……。わけわかんないでしょ。しかも、その犯人が、半年前に僕が引き上げた若手の取締役で。いや〜、ショックでしたよ。だって全く身に覚えのない、でっち上げの女性問題を書かれて社外に広まっているんだもん。

結局、僕は自己満足のために部下を子飼いにしていたから、本人の気持ちなんていっさい考えたことがなかった。自分が偉くなってうれしかったから、部下も昇進すれば喜ぶだろうって思ってたし、僕は高い目標を上から命じられると『自分が期待されてるんだ』って思ってやる気が出たから、部下にも同じことをしていたんです。

でも、他人は自分と違う。

彼にとっては昇進はプレッシャーだったし、高い目標に足を引っぱられていました。しかも、僕がすべて決めるから、部下からの信頼も得られない。僕への不満が鬱積していたんでしょう。

社外の社長さんたちは、『部下の反乱なんて勲章みたいなものだ』と慰めてくれたけど、そんな同情も苦痛でした。だから、自分のプライドを守る唯一の手段は、会社を去ることだったんです。

……でもね、実際には逃げた。

部下に裏切られ、社外に知られ、恥ずかしくて逃げた。

辞めたあとは世間の目が怖くて、外を歩くのも怖くて。漫画喫茶で時間を潰したり、美術館に行ったり。一日が長い。ものすごい孤独でした。

孤独って周りは関係ないんです。自分で壁をつくってるだけ。自分が孤独感を規定するんです。

会社員でいるときって、結局食えちゃうし、自分と向きあわなくてすむ。でも、会社を辞めるとそうはいかない。食っていかなきゃだし居場所も自分でつくらなきゃでしょ。すると『なぜ、こんなことになってしまったのか』と内面への思考だけが進んで、負のスパイラルに入り込む。

あの半年間は本当に、地獄でした」

自分は落ちぶれたのではないというシナリオ

「有能な上司は、アウトプットで部下を評価するのに対し、無能レベルに達してしまった上司は、組織の自己都合という尺度で部下を評価する」——。

これは階層社会学者で、『ピーターの法則』の著者であるローレンス・J・ピーター博士のお言葉です。悲しいかなナカタさんは〝そこ〟に到達していました。

自分をアピールしたいがために同僚の悪口を密告する「アピ潰し」を踏み台にヒエラルキーの階段をのぼり始め、やがて彼は部下に慕われるベテラン社員の「閑職飛ばし」をくわだて、人事権を掌握しました。それは彼が完全に無能レベルに達した証しであり、その後は昇進がプレッシャーになるような二流部下を取り立てて「部下潰し」をし、最後はその部下に自分が足を引っぱられるという顚末に至ったのです。

ああ、なんと人間は愚かなのでしょう。

そんな愚行をわざわざ独白しなくても、と思うのですが、彼にとって、過去の醜行を語ることは「誇り」を取り戻すためには避けて通れないシナリオでした。「人間は自らつくられるところのもの以外のなにものでもない」とはサルトルの実存主義の第一原理ですが、彼は「あのとき○○な経験をした。それがきっかけで、今●●してる」と自らの会社員生活を描写することで、世間的に名の知れた企業のトップだった自分が、社員数わずか10人足らずの会社のトップになったことの「意味付け」をした。負けるが勝ち。「今の自分」は落ちぶれたのではなく、自由に選択した結果だった、と自分に言い聞かせていたのです。

いずれにせよ、私がインタビューした約700人の中で「足を引っぱられた！」と嘆く人はわんさかいましたが、「足を引っぱった」加害経験をカミングアウトしたのは、プロローグで紹介したササキさんとナカタさんのたった二人です。

「シナリオ作り」が必要なかった？　その可能性もあります。しかしながら、あまりに少なすぎます。考えるに、引っぱった方には、「引っぱったという認識すらない」のかもしれません。

「若手抜擢」「同僚の情報流し」の本当の意味とは

言語学者の金田一秀穂先生と対談させていただいたとき、面白いことをおっしゃっていました。

「お刺身を好きな人は『刺身』と聞いただけで生ツバが出る。でも、『刺身』の好きな人に『死んだ魚は好きですか？』と聞いたら、『好きです』とは絶対に言わない」

刺身はまぎれもなく死んだ魚ですが、言葉が変わるだけで感じ方も変わる。人は「刺身」そのものを食べているのではなく、「刺身という言葉」を食べているというのです。

なんともややこしい話ではありますが、「あなたの足を引っぱります！」と宣言したり、「彼の足を引っぱるとですね……」と前置きしない限り、人は自分が他人の足を引っぱっていることを認知できない。会社員の多くはナカタさん同様、「同僚の情報流し」「人事異動」「若手抜擢」という言葉で「足を引っぱる愚行」を〝食べている〟のです。

自分が他人の足を引っぱっていることも認識できないくせに、「日本って足の引っぱりあいばっかですよね」だの、「足を引っぱってまで偉くなりたいんですかね」だの、「足を引っぱるヤツの心理ってどうなってんですか？」だの、足を引っぱる人を非難する会社員のなんと多いことか！

そもそも人間は「上下関係をつくる」のが大好物。子供の頃から「背比べ」などで「上」か「下」かを競ってきましたし、小学生の頃は牛乳の一気飲みや給食の早食いで「上」になりたくて頑張りました。

「上になる」……、今風に言うと「マウンティング」です。

マウンティングおじさん急増の理由

「うちの上司って、必ず会議のときに『ちょっと補足しますと……』ってかぶせてくるんですよ！　あれ、マジでやめてほしい」

「日本語ならまだいいじゃないですか。私なんて海外支所とのテレビ会議で、同期の男子からかぶせられた」

「それって、英語で言ったのを、さらに英語でかぶせてきたってことですか?」
「そうなんです!　She means……って。英語を英語に翻訳ってどういうこと?」
「我が社のマウンティングおじさんは秀逸ですよ。若手が営業決めてくると、『よく頑張ったな!』って褒めたあとに、必ず『俺のときは……』って自分の自慢話を始めるんです。それを上がいるときに絶妙なタイミングでやるのがスゴイ!　上もバカだから『うまく教育してやってくれよ!』とか言っちゃって、いつのまにか若手の手柄が、マウンティングおじさんの手柄になるという摩訶不思議が起こるんです」

このように「職場マウンティングのリアル」を教えてくれたのは、拙著『他人をバカにしたがる男たち』に登場した、第2秘書室のメンバーです。

男社会の会社組織で「鳥の視座」を持つ女性たちは、実に的確に男性たちの言動を捉えます。「マウンティング女子」ばかりがクローズアップされがちですが、彼女たちによると「若手育成に力を入れる傾向が高まっているので、ちっちゃなプライドを守るためにマウンティングする〝マウンティングおじさん〟が増殖中」とのこと。

ちっちゃなプライド……、グサッとくる言葉です。そのちっちゃなプライドを守るために、マウンティングおじさんは、「アピ潰し」の亜種「面目潰し」を乱用しているというのです。

ちなみに、日本語の「足を引っぱる」を英語に直訳すると「pull one's leg」ですが、これは「人をだます」「からかう」などを意味します。使い方は実にライトで、「You're pulling my leg.（あなたは私をからかっているの？）」といった具合で、プラティカルジョークの一つです。しかし、その語源はジョークとはかけ離れています。一説には、昔、イギリスで絞首刑の際に、うまくいかず宙ぶらりんになった罪人が苦しまずに死ねるよう、下で待機している友人や家族が足を引っぱったことに由来するといいます。

想像するだけで身の毛もよだちますが、日本のことわざにも「首くくりの足をひく」なんてものがありますから、実におぞましい。時計を巻き戻して鑑みれば、足を引っぱることはかなり深刻かつ非情な行為。そうそう簡単に手を染めてはいけないのです。

日本社会は「異物」に厳しい

人の欲求とは常に内的より、外的（＝他者関係）要因に強く影響を受けますが、そういった心情はヒトが「人間」になれた人類の歴史と深く関係しています。

社会的動物である私たちは他者と協働することで、生き残ってきました。自分が生き残るためには他者から「コイツと力を合わせたい！」とみなされる必要がある。そのためヒトは「他者にどう評価されるかを気にするようになった」と考えられているのです。

それは「私」より「私たち」を大切にするモラルを育んだと同時に、「私たち」を脅かす存在を排除したがる性癖を生み出しました。

とりわけ同質性の高い日本で育った日本人は、その傾向が極めて強い。集団の同質性が高ければ高いほど、小さな不一致が目立ち、そのことに人は耐えられません。

一見、ステレオタイプのように思われるかもしれませんが、私には実体験があるだけに、日本という国が持つ「異物への厳しいまなざしの根深さ」を感じずにはいられないのです。

個人的な話で恐縮ですが、私は9歳から米国で過ごし13歳のときに日本に帰国しました。当時「帰国子女」は珍しい存在で、毎日のように同級生が〝アメリカ帰り〟の私を見物にきました。

帰国して半年ほど経ったある朝、「事件」が起きました。学校に行ったら、上履きがビリビリに破かれ、「アメリカ帰り、ばーか！」「調子にのるな！」「目立ちすぎなんだよ！」とサインペンで書かれていたのです。

その数週間前にも、ひとつ上の女の先輩に「目立ってるんじゃないよ！」と突然怒られたことがありましたから、おそらく同級生の中にも「異物である私」を快く思わない生徒がいたのでしょう。

日本に帰国してから漠然とした息苦しさを感じていたのですが、上履き事件でやっとその正体が理解できました。「普通がいちばん」という暗黙のルールです。「普通」とはみんなと一緒。それは私にとって拷問でした。だって、米国では人と違うことが前提で社会が成立しているのです。

普通がいちばんの国と、自分MAXの国

米国では常に「自分MAX」になる教育を受けてきました。

勉強好きな子は勉強し、駆けっこの速い子は陸上チームに入り、おませな女の子たちはリップを塗り髪の毛をブリーチし、誰もが「最高の自分」を目指しました。ところが日本では「みんなと一緒」じゃないと嫌われてしまうのです。「自分の意見を言いなさい」と教育されてきたのに、日本では黙っている方が安全。手を挙げて意見を言うと、ダサい、でしゃばり、目立ちたがりと揶揄されます。

アメリカは「競争社会」だと日本人は言います。でも、それは結果的に、競争社会になっているだけ。アメリカ人はただただ「自分MAX」を追求しているのです。

アメリカは「自立の国」と日本人は言います。確かに、いかにIndependentするかは何度も教えられましたが、Independentという単語には「自立」以外にも、独立した、自主的な、自由な、といった多面的な意味合いが込められています。一言で言えば「自分の最高のパフォーマンスを発揮せよ！」というメッセージです。

日本でも人気になったテレビ番組『アメリカン・アイドル』や『アメリカン・ダンスアイドル』を見れば、米国人のマインドがいかに「自分MAX」かが面白いほどわかる。アメリカンドリームを夢みて、地方予選のオーディションに集まった参加者の中には、奇抜なパフォーマンスで失笑を買う人たちが登場します。すると番組のウリでもある辛辣な審査員が容赦なく酷評する。どれもこれも「日本人だったら立ち直れない」ようなコメントばかりです。

でも、彼らは落ち込むどころか、

「落ちたのは残念だけど……、審査員は私の良さをわかっていないのよ。だって、おじいちゃんは私のダンス（あるいは歌）は、最高だって言ってくれるもの。またの練習してチャレンジするわ！」

と、明るく笑います。評価は評価として受け入れる一方で、頑張ってきた自分を肯定する術を身につけている。

そういうマインドを持つ人々の国がアメリカであり、こういった感情を大切にすることが「プライド＝誇り」だと思うのです。

真の誇りには「自律性（autonomy）」という、他者や世間に惑わされない自分の感覚、自分の決断を信じる気持ちが根っこに存在します。それは自己決定の自由さでもあるのです。

日本の社会組織にある明確な「ウチ」と「ソト」

フランスに本社がある某企業に勤める知人が面白いことを教えてくれました。フランス人が日本に出張したり、転勤したりするとき用のマニュアルがあり、そこには次のような一節がある、と。

「スーツは紺かグレー。ネクタイはストライプ。それ以外は、日本人には受け入れられない」

あまりに的を射た内容に笑ってしまいますが、いったい誰の指示でニッポンの会社員は〝ドレスコード〟を守っているのでしょう。

毎年行われる合同企業説明会に〝黒スーツ軍団〟が押し寄せる光景も、まるで「国葬」です。企業側がどんなに「リクルートスーツじゃなくていい」とアナウンスしても、脱〝喪服〟の学生は一向に増えません。

服装にまで「無難」という言葉の同質性を好む日本人のマインドは、「平均以上効果(above average effect)」に関する調査でも示されています。

「平均以上効果」は、「私は平均より上」と自己評価する心理で、人の「基礎的な性質」と考えられてきました。例えば「あなたのリーダーシップ能力は、このクラスの中で上から何%くらいですか?」という質問をした場合、「上位20%」と答える人の割合が「上位80%」と答える人より圧倒的に多く、「半分より下」と答える人はごく少数しかいません。

ところが世界中で研究が蓄積され、平均以上効果が文化的な影響を受けるとわかってきました。日本をはじめとするアジアの国々では、「私は平均より上」と答える人の割合が欧米に比べ少ない、あるいは「平均以上効果」自体認められないケースが報告されたのです。

日本の場合、平均以上効果自体は認められました。しかし、そのサイズは欧米に比べ小さいだけでなく、「自分は普通=みんなと一緒」という認知が「満足感」をもっとも高めるという、極めて皮膚感覚に近い傾向があることがわかっています。

日本の社会組織には明確な「ウチ」と「ソト」が存在し、「ウチ」の最大の価値観は「みんな一緒」。米国人は失敗した人を応援しますが、日本人は足の引っぱりあいで牽制します。

抜け駆けを許さない日本人の同調圧力は半端ないのです。

日曜日のゴルフ外交がいまだになくならない理由

日本の社会構造を分析した中根千枝先生は、「いかなる社会も『資格』と『場』が交錯して集団を構成しているが、国や文化の違いによりいずれかの機能が優先され、その社会の人々の価値観と深く関係している」と考察し、「タテ社会の人間関係」という、現代にも通じる名フレーズを生み出しました。

学歴・地位・職業・資本家・労働者・性別・年齢などの「資格」ではなく、一定の所属機関・地域のような自分が所属する「場」に基づく集団では、「ウチの者・ヨソ者」の差別意識が強くなり、「『ウチの者』以外は人間ではなくなってしまうと思われるほどの極端な人間関係のコントラストが、同じ社会にみられるようになる」と説きます。そして、「場」に基づく集団は、「親分・子分」「先輩・後輩」といったタテの序列によって繋がっていて、「人間関係は接触の長さと濃密度で強弱が決まる」としました（中根千枝著『タテ社会の人間関係』講談社現代新書）。

アメリカの組織が「資格」による集団であるのに対し、日本の組織は「場」による集団です。もちろん時代の変化で会社組織のあり方はずいぶんと変わりました。「アメリカを見習え！」とばかりに成果主義を輸入し、年功序列も以前ほど厳格ではなくなりました。

しかしながら、いまだに日本人は「あうんの呼吸」を大切にしますし、出世のために〝クラブ活動〟や〝ゴルフ外交〟、〝麻雀外交〟に精を出す人は相も変わらずご健在です。そういう部下をかわいがり、休日の私的な集まりに呼びよせ「俺の右腕だぜ」と自慢する人も一向に後をたちません。

アメリカの大企業の「生え抜き社長」の割合は27％なのに対し、日本では82％（ボストンコンサルティング グループ調べ）。欧米企業の取締役は過半数が経営の執行に関わっていない独立社外取締役であるのに対し、日本企業の取締役は、社長をはじめ多くが社内で昇進したメンバーで占められています。やれ「グローバル化だ！」、それ「グローバルスタンダードだ！」と威勢のいいスローガンを掲げても、「タテ社会の人間関係」は維持されている。外からは見えない人と人のつながり方は、もっとも変わりにくい部分なのです。

なぜ日本の会社はジジイを量産してしまうのか

会社員が「会社＝場」に適応する過程は組織社会化と呼ばれ、組織人として望ましい態度、行動、志向性を形成する大切な時間です。特に入社3年目までの組織社会化初期の成功が、その後の昇進や異動、職務満足感に影響し、個人のキャリアの安定性を示す指標にもなります。

日本の会社組織で求められるのは「タテシステム」への適応です。「上司が好きそうな企画を出す」輩《やから》に成り下がり、社内政治に精を出し、上の人たちと頻繁に接触をし……。「ウチ」と「タテ」で構成される組織に適応するための最良の手段が「忖度」と言っても過言ではありません。

とどのつまり、「場」に基づく集団である日本の会社組織では、「ジジイ」が生まれやすい。組織に過剰適応した「ジジイ会社員」が量産され、ますます同質性が高められ、「ジジイ量産コンベアシステム」が、組織構造として引き継がれていくのです。

ＡＩは、ジジイと同じ思考回路？

米アマゾン・ドット・コムが期待を込め進めてきた「ＡＩ（人工知能）を活用した人材採用システム」で、女性を差別するという欠陥が判明し、運用を取りやめたというニュースが報じられました。

コンピューターモデルに10年間にわたって提出された履歴書のパターンを学習させ、中立性の高い採用を目指したのですが、技術職のほとんどが男性からの応募だったことでシステムは男性を採用するのが好ましいと認識。女性を徹底的に排除したのです。

履歴書に「女性チェス部の部長」といった経歴が記されているだけで評価が下がったり、女子大の卒業生もそれだけで評価を落とされたり。つまり、ＡＩは「前例好き」だった。それが証明されてしまったのです。

前例好き……聞いたことがあるセリフです。

「変化を嫌い、自分の保身だけを考え、『会社のため』『キミのため』と言いながら、自分のために既得権益にしがみつき、属性で人を判断し、『下』の人には高圧的な態度をとる人びと」

そうです。あの「ジジイ」です。

ジジイたちは「前例がない」「組織の論理がわかっていない」を合言葉に「ウチ内部のソト」を排除する。自分たちの地位の高さの見せしめに、「女性潰し」「デキる若者潰し」「学歴落とし」で、「ソト者」の足を引っぱります。

日本企業ならではの「ジジイ量産コンベアシステム」

ＡＩ、しかも米国の企業で「ジジイ」と同様の特性が確認されたとは皮肉ですが、これを結果どおりに解釈すれば「ジジイ」は国境を超えて存在するのです。

しかしながら、「ウチ」を重んじる日本の会社組織の最大の不幸は、ジジイが輩出される「ジジイ量産コンベアシステム」にあります。

日本ではジジイの頂点に立つ「大ジジイ」が自己保身のために組織を利用し、とんでもない不祥事を起こしても、中ジジイと小ジジイが「身内だから」と大ジジイをかばうため、何事もなかったように組織ぐるみで隠蔽されていくという笑えないリアルです。

ウチとタテが優先される限り、組織内だけに通じる暗黙のルールだけが踏襲され、日本の組織の前例主義、互助会的性質が変わることはありません。今ほど「先見性」が求められる時代はないのに、ジジイの壁が立ちはだかる組織では外の変化に気づくことも、対応することもできず、衰退の一途をたどることになってしまうのです。

「足の引っぱりあいの勝者」がジジイになる

繰り返しますが、ジジイは足を引っぱるスキルに長けた人たちです。
彼らは、昇進するたびに、小ジジイ、中ジジイ、大ジジイとジジイ度を増してきました。

小ジジイ　課長クラスに多いことから、「課長文化」を形成する。
大した業績も出しておらず、〝流れ〟で昇進した人が多い。
好きな言葉：逆らわない

中ジジイ　部長クラスに多いことから、「部長文化」を形成する。同期の中でもエリート。この小さな〝プライド〟を大切にしている。
好きな言葉：危険をおかさない

大ジジイ　役員・社長クラスに多いことから、「社長文化」を形成する。たまたま若い頃の配属先で、〝優秀な上司〟に出会い、運良く上り詰めた人が多い。
好きな言葉：既得権益

（拙著『残念な職場』ＰＨＰ新書）

組織内の競争に勝ち進むことで手に入る褒美には、権力や社会的地位といった「外的な力」が存在します。階層組織の上階に上り詰めた大ジジイは、その力に溺れ、力に執着し、他人を貶《おとし》めることへの後ろめたさを微塵も持ち合わせていません。そんな彼らの「コントロール感」は極めて高いと考えられます。

コントロール感とは、「自分が他者あるいは環境に対して、どれほどの影響力を有しているか」を表す概念で、コントロール感の高さはＳＯＣ同様、ストレス対処に役立ちます。これが大ジジイがしぶとい所以です。しかしながら、コントロール感とＳＯＣは似て非なるもの。

ＳＯＣは「環境と自己との関わりに関する概念」ですが、コントロール感は「自己概念」です。ＳＯＣの高い人は「自分を取り巻く環境を信頼」し、「他者といい関係を保つ影響力」を持っていますが、コントロール感の高い人は「自己を信頼」し、「自分が影響力」を持つことにしか関心がありません。つまり、コントロール感の高さは、ＳＯＣの高さを担保しません。むしろ、フェイク化を加速します。

自分の影響力に酔いしれ、自分を俯瞰できなくなったとき、彼らのＳＯＣは完全にフェイク化するのです。

第2章

それでも会社にしがみつきたい

新中間階級のジレンマ

鉄砲玉にされたエリート社員

「私はずっと肩たたきされた同期を蔑《さげす》んでいました。安心や安定を求め、現状に満足してるから、ダメなんだよって。でも、現状に満足していたのは自分でした。自分だけは大丈夫だと妄信していたんです」

——イシイさん（仮名）　男性62歳

10年ほど前になりますが、50人の部下をリストラし、最後に人事部から渡された「リストラ・リスト」に自分の名前が載っていたという、いたたまれない話をしてくれた男性がいました。

彼は退職後、自分をまるで鉄砲玉のように使った会社に、一言文句でも言ってやろうと株主総会へ乗り込みました。すると驚いたことに、総会会場の入り口に「当時の人事部長が警備保障会社の制服姿で立っていた」というのです。

なんともえげつない仕打ちですが、上には上がいるとでも言いましょうか。顔の見えない法人＝会社の悪事には際限がありません。

そのリアルを生々しく話してくれたのが、かつて某大企業の部長さんだったイシイさんです。

一流大学を卒業し、同期入社でもトップクラスのエリート街道を歩んできた彼は、ドラマ以上にシュールな手段で「鉄砲玉」にされたのです。

関連会社を渡り歩いた「リストラ請負人」の末路

「私は50歳のときに関連会社に行かされることになりました。一応、役員待遇です。前任者は最後はその会社で社長になっていたので、自分もそうなると信じ込んでいました。

ところが、現実は予想もしないものでした。私に与えられた仕事は、リストラです。コスト削減のために何人もの社員をリストラさせられたんです。

それだけではありません。予定していた人数のリストラが終わると、また、別の関連会社に行かされ、そこでも同じようにリストラをさせられました。

人事部とリストラ名簿をつくり、その名簿にしたがって、一緒に働いたこともない社員を切る。それが終わると、また次の会社に行かされて。結局、3つの会社でリストラをしました。

部下の肩たたきは元の会社でもやっていましたが、さすがに自分のやっていることが嫌になってきましてね。嫌がらせの電話が自宅にかかってきたこともありましたし、駅のホームでは線路側は歩かないようにしたり、精神的にものすごく疲弊しました。

でも、そんな気持ちとは裏腹に『自分は切る側の人間なんだ』という、変な優越感みたいなものがあった。リストラは会社の問題ではなく、切られる側に問題があると傲慢な考えをしていたんです。

そんなある日、若いときにお世話になった会社の社長さんから、突然電話がかかってきて、

『アンタ、何やってるんだ。そんなことやってないで、ウチに来い！』って。

最初は何を言われてるのかさっぱりわからなかった。そしたら、『アンタの会社ほど給料は出せないけど、さっさと辞めて来い』と、また言われて。それでやっと目が覚めた。

普通に考えれば、最後は私が切られます。

私は会社の捨て駒だったのに、自分が見えてなかった。

結局、ひとつの組織に長年いると、過去を生きるようになっていくんです」

想起ヒューリスティックの罠

なんともやるせない独白ですが、イシイさんは「会社に命じられたことをきっちりやれば、また道が開ける」という、実に会社員らしい〝幻想〟で会社にしがみつきました。冷静に考えれば、汚れ仕事をやらされている「リストラ請負人」に幸せな未来などあるはずがないのに、

「会社はきっと自分を評価してくれる」

「会社は自分を必要としてくれる」

「だって前任者だってそうだったし……」

と、都合よく解釈しました。彼の思考回路は、経験則により単純化されてしまったのです。

このような現象は「想起ヒューリスティック（availability heuristic）」と呼ばれ、心理学

では「人が判断や意思決定をする際、無意識に使っている法則や手がかり」を意味し、理詰めで正しい答えを探るアルゴリズムと対比される概念です。

想起ヒューリスティックでは、記憶時のインパクトが大きかった情報、何度も経験している情報、身近な人の具体的な情報が手がかりになります。たとえそれが「極めて稀」な現象であっても、「経験則（ヒューリスティック）」として優先し、決定するのです。

例えば、大きな飛行機事故が起こると「飛行機は怖いから電車にしよう」と判断しがちですが、アメリカ国家運輸安全委員会（ＮＴＳＢ）の試算では、飛行機の死亡事故に遭う確率は０・０００９％。毎日飛行機に乗ったとしても、８２００年に1回の確率です。

それでも人は「飛行機は怖い」と判断する。

どんなに「飛行機より電車の方が事故に遭う確率は高い」と進言されても、

「だって飛行機事故に遭ったら全員死ぬ」

「電車なら逃げられるけど、飛行機は逃げられない」

と、自分の判断を正当化します。

人間は見えるものを見るのではなく見たいものを見る。自分の考えを支持する情報だけを探し、受け入れ、確信に反する情報を無意識に排除します。「確証バイアス」と呼ばれる心の動きです。自分の判断を疑うより正しさを証明する方が気持ちがいいのです。

「50代以上は自分の立場をわかっていない」?

会社にしがみつく会社員の代名詞「働かないおじさん」も、イシイさん同様、想起ヒューリスティックの罠にはまりました。

イシイさんは関連会社の社長で会社員生活を終えた前任者を想起し、働かないおじさんは早期退職した前任者＝先輩会社員を想起しました。

高い給料をもらうだけの「働かないおじさん問題」は、「50歳になったらお払い箱」を前提にした経営手法が問題なのでは? という気がしないでもありませんが、口は動かせど手足は動かさない、働かないおじさんへの評価は極めて辛辣です。

「50代以上は自分の立場をわかっていない。若い社員に嫉妬して足を引っぱったり、定時になると仕事を周りに押し付け、さっさと帰る。安心だけを求める人は、もう、いらないんです。それを理解できない人が多すぎます。『このまま乗り切れる』と思っているのでしょう」

こう話すのは、某大企業の人事部の男性です。

彼は何度も「自分の立場をわかっていない」と、中高年会社員にズシンと響くフレーズを繰り返しました。

早期退職制度を企業が取り入れた当初、「退職金倍増」という目先の褒美に目がくらみ、転職に乗り出した50代がたくさんいました。ところが届くのは「お祈りメール」ばかり。運よく転職できても、「今の会社」より社会的地位の低い会社が、「今の会社」より低い賃金でしか雇ってくれませんでした。

「だったら今の方がマシじゃん」と先輩会社員を反面教師に、「いようと思えば65歳までいられるし……」という呪いの言葉で将来不安を消した。いや、正確には消えたと、自己暗示をかけ、思考を停止させたのが「働かないおじさん」なのです。

働かないおじさんは自分を俯瞰できない

心理学者でナチスの収容所を経験したV・E・フランクルが、「収容所での保身の最高の掟は決して目立つなということである」と説いたとおり、彼らは群衆に紛れて息を潜めつつも、時折、周りが訝《いぶか》しがるほどの独特の万能感で他者を蔑みます。

「働かないおじさん」にはSOCの高い人が持つ〝穏やかな自信〟がありません。ですから、他者との比較世界でしか物事をとらえられない。常に自分の優位性にこだわり、過去に手にしたリソースに固執し、優秀な若者や女性には「今どきの若いやつらは……」「女のくせに……」と若者潰しや女性潰しを繰り返し、他人の失敗は「自己責任」という言葉でせせら笑い、都合が悪くなると不機嫌な中高年を見事に演じます。

「自分の立場をわかっていない」と揶揄されるのは、自分を俯瞰できていないからに他なりません。それは「共同体の中にいる自分を見つめるまなざし」を失ったことと同義です。他者と心をつなぐことで生き延びてきた人間が、そのまなざしを失うと自分だけが正しいと信じ込み、相手の気持ちを考えないようになります。まさにフェイクSOCです。

一方、真のSOCを持った会社員は、自分と自分を取り巻く世界との関わり方を柔軟に変えられるので、多少の屈辱感を味わおうとも自分のリソースを後進にゆずり、次世代の価値を生み出す行為に積極的に関わります。心理学用語で「ジェネラティビティー（generativity）」

と呼ばれる行為です。

40代~50代の人生の「思秋期」で、自己中心的な発想を超えて、後輩のため、子供のため、地域社会のために役立とうとすることは人間を成熟させ、幸福感を高めます。あのイチロー選手も、「ニューヨークに行った後ぐらいから、人に喜んでもらえることが一番の喜びに変わってきた」と引退会見で言ってましたね。

成熟したオジさんは、決しておごり高ぶることをしません。常に謙虚で、新しい価値観を持つ若い社員や女性社員を尊重します。イチロー選手がそうだったように、周りから慕われ、「他者から選ばれる者」に進化します。それに対し、しがみつく会社員は学ぶこともチャレンジすることも思考することもやめ、「何者」かに変わる勇気を持てなかった人たちです。進化しない人はやがて退化する。安心など全く担保されない厳しい現実に気がついたときには、後戻りできない状況に苦しむのです。

今を生きるサル、未来を空想するヒト

サルと人を隔てるものは「未来を予測する力」だと、かねてから考えられてきました。ところが最近になって鳥類からチンパンジーに至るまで、さまざまな動物が、人間と同じような力を持っている可能性を示唆する研究が次々と発表され、人間の「認知の特異性」を実験で証明するのが難しくなりました。

例えば、ワタリガラスにも「将来を予測し備える力がある」と主張する論文を、『サイエンス』誌が掲載。5羽のワタリガラスに「石を拾って箱の中に落とすと報酬が得られる」という学習をさせると、箱が用意される前から「石を探して待つ」という行動をとることがわかりました。イソップ物語の「カラスとキツネ」では、カラスはキツネのおだてにのり、口にくわえていた餌をまんまと奪われますが、実は結構な〝やり手〟だったわけです。

「それでもやっぱり人間はサルやカラスとは違う！」と主張するのが、豪クイーンズランド大学の心理学者、T・ズデンドルフ博士です。

博士は人間の心や進化の謎を探るために、さまざまな角度からヒト以外の霊長類の知的能力について研究を重ね、ヒトがいかにして人間として生き残ったか？　を探りました。

その結果、明かされたのが、人間だけが持つ「2つの性質」です。

「入れ子構造を持つシナリオの構築」と「互いの心を結びつけたいという衝動」が、人間を人間たらしめているとしたのです。

「しがみつく」という最良の選択

サルや他の動物も人間と同じように、特定の出来事の後に報酬や罰がくるのを予測できるし、チンパンジーは洞察を通じて問題を解決したり、仲間を慰めたりすることがあります。

しかしながら、その予測力には人間のような複雑さはありません。

例えば「億万長者になる」とか「白馬の王子さまがやってくる」とか考えるだけでワクワクする完全なフィクションを想像できるのは人間だけ。ズデンドルフ博士の著書のタイトル『現実を生きるサル　空想を語るヒト』（白揚社）どおり、階層化された高次シナリオ（入れ子構造）を構築できる「人間」だけが、過去の記憶、経験、期待、希望、人、物などの複数の要因を結びつけ、何通りもの「未来の自分」を空想するのです。

空想世界にタイムスリップ（＝時間旅行）した人間は、ときに生物学的にはパラドックスに見える行動を選択し、「未来の自分」に備えます。

例えば、「禁欲」はあの世で大きな報いを得ることを期待する行動だし、「自殺」は将来の展望がとりわけ暗く一縷《いちる》の光も見出せない絶望への抵抗です。ヒーヒー悲鳴をあげながらも仕事に勤しむのは、「夢」をつかもうとする試みを反映しています。さまざまな未来の可能性が考えられる入れ子構造のおかげで、人間は「選択の自由」という特権を手に入れたのです。

とはいえ、私たちは千里眼を持っているわけでも、未来を期待どおりに変える力があるわけでもありません。そこで私たちは、期待がより確実に手に入るために、自分の計画を他者と共有し力を借りたり、他者の意見に耳を傾け、他者と連携しました。「もっと言えば、私たちには自分の考えを広め、他者の考えを把握したいという抜きがたい本能的欲求がある」とズデンドルフ博士は説きます。高度な想像力と他者との連携から、相互を強めあうフィードバックループが生まれました。

それは単に「期待する未来」を手に入れる手段としての連携ではなく、リスクの低いシナリオを選択する力です。「人のふり見て我がふり直せ」とでも言いましょうか。

さて、私が何を言わんとしているのか理解できましたね。

会社員が会社員を蔑みながらも会社員を辞めないのは、現実に背を向け、楽観主義的に「現状維持＝リスクの少ないシナリオ」を選択した結果なのです。

SOCとは〝不安〟の反対側の力である

しがみつく会社員は大抵、そこそこの〝エリート〟で、収入や役職、裁量の権限や人事権など「自分と彼ら」を区別する〝外的な力〟を手に入れた人たちです。

本来、こういった外的な力はSOCを高めるリソースですが、若いときから、自分の給料では行けないような場所を接待で使ったり、会社の名刺なしには会えない大物と接したり、下請け会社の年上の人から「うちの商品をよろしくお願いしますよ」などと頭を下げられたりすると、外的な力に浮かれ偏重するあまり、適応力の礎《いしづえ》となる〝内的な力〟を高めるのがおろそかになりがちです。内的な力とは、誠実さや勇気、謙虚さや忍耐といった、いわば人格の土台だったり、学び続ける姿勢です。

ＳＯＣは抑うつや不安、頭痛・腹痛などのストレス関連症状に加え、欠勤、バーンアウト、職務満足感、幸福感、寿命など、さまざまな健康に関する要因を予測する力ですが、「ＳＯＣの正体とはいったい何なのか？」というのが、私たちＳＯＣ研究者の長年の疑問でした。

そして、ＳＯＣ研究が世界中で蓄積され、やっとそれがわかってきました。

ＳＯＣとは、〝不安〟の反対側に位置する力であることが見えてきたのです。

ＳＯＣの高い人は人生で遭遇する危機を、脅威ではなく「自分に対する挑戦だ」と考えることができます。それは決してすべての危機に対してではありません。自分の人生にとって意味ある出来事、大切な出来事に関する危機の場合に、「これは挑戦だから、どうにかして対峙してやる」と踏ん張ります。

彼らはまず自分が感じた不安が何に由来するものなのかを突き止め、対処方法を探ります。つまるところ、ＳＯＣは不安という感情を認知するからこそ機能する力。〝かりそめの安心〟に身を委ねている限り、ＳＯＣのスイッチは押されないのです。

個人的な話で申し訳ないのですが、フリーで生きていると「安心」というものは一生手に入れることができない尊いものであると痛感します。

組織外の人間に指定席はありません。それが用意されているのは、一部の天才だけ。普通の能力しかない私は、今日、絶好調でたくさん稼げても、明日には突然稼ぎがなくなるという憂き目に、何度も遭遇しました。

そして、そんな失敗を繰り返しているうちに、おカネという有形の資産（＝外的な力）を得るには、そのカネを得るだけの無形の資産（＝内的な力）への投資が必要になることを学ぶ。つまり、不安とは未来への感情であり、不安と闘うには「今」を精一杯生きるしかない。「今の自分」を常に進化させることが、不安への最良の対処だと学んでいくのです。

自称〝負け組〟と自称〝負け犬〟の共通点

「負け組について意見を聞きたい」と雑誌のインタビューを受けたときのこと。「50代負け組社員のプロフィール」として渡された資料に書かれていた「平均年収」に一瞬目を疑いました。

な、なんと「平均年収620万円」と書いてあったのです。

河合「これ……負け組のプロフィールですよね？」
編集者「はい。5000人にアンケート調査を行った結果です」
河合「でも、600万円以上もらってて、負け組なんですか？」
編集者「はい。負け組だと自分では思っています。僕の世代からは理解不能なんです。なのでそのあたりを是非、河合さんに説明してもらいたいと思いまして……」

にわかに信じがたい事態ですが、自称〝負け組〟の本音をアンケートから分析したところ、彼らは、社会的にはそこそこの地位を手に入れている人だとわかりました。ただし、会社では、50歳以上、部下なし、○○待遇どまりで、出世競争に敗れた人たちです。

つまり、勝ち組の中の〝負け組〟。かつて酒井順子さんが、どんなに美人でも30歳以上・未婚・子なしの女性を〝負け犬〟と呼んだように、自嘲気味に〝負け組〟を公言することで、自身を哀れんでいたのです。

年収620万円　新中間階級の自称〝負け組〟

自称〝負け組〟の多くは、『新・日本の階級社会』（講談社現代新書）の著者・橋本健二氏が定義した「専門・管理・事務に従事する被雇用者（女性と非正規の事務を除外）」の新中間階級に属する人々。要するに「正規雇用の会社員」です。

新中間階級は、経営者・役員・自営業者などの「資本家階級」の下に位置し、単純事務職・販売職・サービス職などに従事する「労働者階級」、非正規雇用の「アンダークラス」の上の階級になります。

近年「階級」という言葉が多用されるようになったのは、「格差」が「階級」として定着したことを意味します。格差社会なら本人の努力次第で成り上がることも可能です。しかし、階級社会では「落ちる」ことはあっても「上がる」のは至難の業。階級は「学歴、職業的地位、所得」などの社会経済的地位（socio-economic status）が重なりあい構成されているため、「持てる者」と「持たざる者」で分断されやすく、世代を超えて引き継がれていくのです。

日本の「新中間階級」は就業人口の20・6％を占め、平均年収は499万円。世帯平均年収は798万円で、高等教育を受けた人の比率が61・4％と際立って高く、資本主義経済の明らかな「勝ち組」です。

また、週平均労働時間は資本家階級より短く、「仕事や生活に対する満足感」が高く、自分を「人並み以上」と考える人が多く、「幸せ」と考える比率も高い。金銭的に余裕があることでさまざまな経験が可能となり、自らの生活をコントロールしやすくなっているのです。

健康社会学的視点からは新中間階級のSOCは高いことがわかっています。

収入や学歴の高い人ほど、本来SOCは高い

等価所得4分とSOC

	SOC 13			
	平均値	(95%信頼区間)		多重比較
200万未満	59.6	58.2	61.0	
200〜283万未満	62.1	60.5	63.7	*
283〜404万未満	62.4	60.9	63.9	
404万以上	63.4	61.8	64.9	***

教育歴とSOC

	SOC 13			
	平均値	(95%信頼区間)		多重比較
高校以下	60.6	59.7	61.5	
短大・専門	62.9	61.3	64.5	*
大卒以上	63.8	62.1	65.6	**

n＝1072　age＝50〜74　***P＜.01 **P＜.05 *P＜.10

職業・就業形態別SOC得点の分布

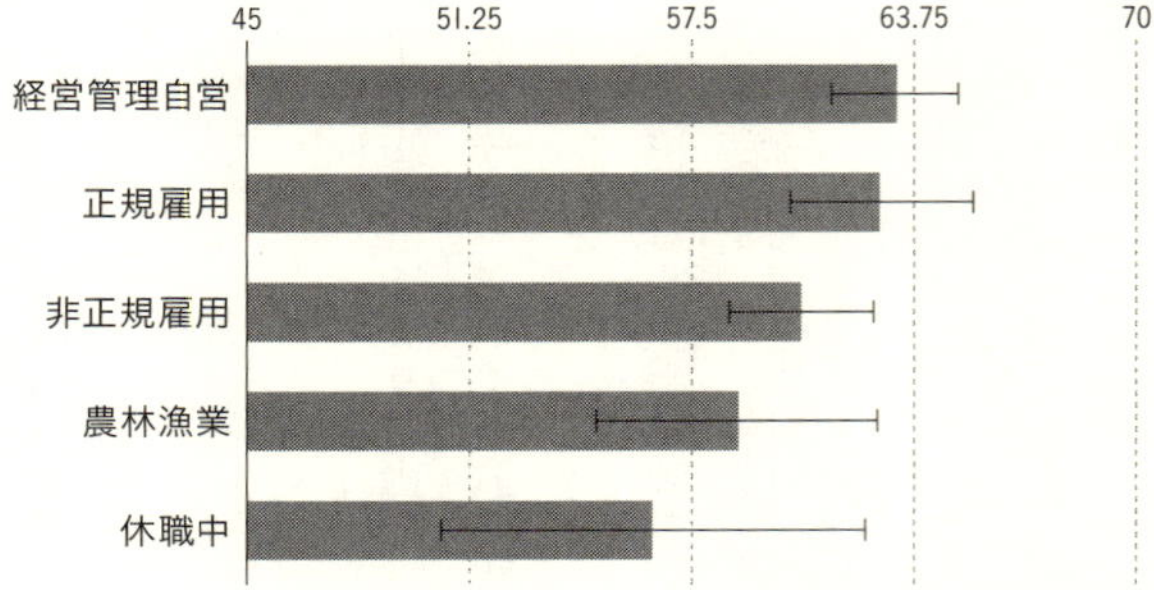

エラーバーは95%信頼区間　性別・年齢で調整済み

山崎喜比古監修・戸ヶ里泰典編『健康生成力SOCと人生・社会』(2017年刊)
有信堂高文社刊　P92-97の表・図を著者が編集

「学歴、職業的地位、所得」などの社会経済的地位がＳＯＣを高める外的リソースであるとともに、所得の多さはさまざまな経験の機会を提供します。経験の豊富さは外的なリソースのアクセスのしやすさにつながるので、必然的にＳＯＣも高まっていくのです。

階級を上がるバブル世代、階級から落ちる氷河期世代

とはいえどんなに「世代を超えて引き継がれるのが階級」だとしても、時代が変われば社会構造も大きく変わります。

その転換期とはいわずもがなの「バブル崩壊」です。

１９６０年代生まれのバブル期に就職した「45～54歳」と70年代生まれの就職氷河期世代の「35～44歳」に分け、出身階級と初職および現職との関連を分析すると、バブル前後で「落ちるリスク」が異なっていたのです。

初職

●60年代生まれ世代は47・９％がそのまま新中間階級に移行、６・７％がアンダークラス

へ移行

●70年代生まれ世代では39・5％に低下し、アンダークラスへの移行は12・9％と倍増

現職―2015年時

●管理職への昇進により新中間階級へ移動した人は、60年代生まれでは66・9％と20％ほど増えたのに対し、70年代生まれは49・7％と10％しか増えていない

……なんとなくわかっていたことでも、こうやって数字で示されると言葉がありません。たまたまいい家にいい時代に生まれただけで、「たまたま」ラッキーな人生が続いている。バブル世代は、ダブル、いやトリプルの「環境の恩恵」を受けた〝たまたまエリート〟です。ところが残念なことに、本人たちには「恵まれている」という自覚が極めて乏しい。

「新中間階級は、他の階級と違って冷静に、格差が拡大して貧困層が増えているという客観的な事実は認めるが、（中略）『現状の格差が大きすぎるとはいえない』と考えるらしい」（『新・日本の階級社会』p223）

「経済的なゆとりがあると答えた人ほど、よりよい教育を受けられるのは『当然だ』『やむをえない』と答える割合が多い」（朝日新聞社とベネッセ教育総合研究所の共同調査より）

なんとも情けない話ですが、「持たざる者」に共感する感情が希薄なのです。

もちろん本人だって、何もしなかったわけではないでしょう。〝たまたま〟と一緒くたにできないほど努力をした人も多いかもしれません。しかしながら、当時はやればやるだけ報われました。誰もが「もっともっとがんばれば、もっと上に行ける」と思えるイケイケドンドンの空気がありました。60年代生まれは「上」へ行くための競争でしたが、70年代生まれは「下」に落ちないための競争です。

自戒も込めて断言しますが、〝私たち〟は自分が考える以上に恵まれていたのです。あと5年生まれるのが遅かったら「今」の私はなかったかもしれないのです。

自己責任論者の得意ワザ　「階級落とし」

人間には、自己の利益を最大限守りたいという欲求があるため、ひとたび負け組の集団に属することになった人が、二度と自分たちの集団に這い上がってこられないような行動を無意識にとることがあります。「今あるものを失うかもしれない」と恐怖を感じたときには、自分が生き残るために人を蹴落とすこともいといません。それはまさしく、人間の心の奥に潜む、闇の感情が理性を超えて噴出した瞬間です。

「自己責任論」もそのひとつです。

「自己責任」という言葉は1980年代後半に、リスクのある金融商品に投資する消費者に対し使われた「経済用語」が、2000年代に入り社会的・政治的な言葉へとすり替えられ、政治家らの論理で弱い立場の人を批判することに使われるようになったとされています（桜井哲夫・東京経済大名誉教授）。

私はこれまで、「自己責任」という言葉を「会社員の論理」で多用するエリート会社員を何人も見てきました。彼らはちょっと失敗しちゃった人や、うまく立ちまわるのが下手なおっちょこちょいを「自己責任」という正論で非難し、足を引っぱります。社会的にも経済的にも多くを所有する「勝ち組」の枠内にいるエリートほど、自分の特権階級を守るために「階級落とし」に執着するのです。

50代で華麗な転身をするはずがやっぱり会社に居残る人

「50歳を過ぎたら再就職できないとかいうけど、自分のスキルを磨かなきゃ転職できるわけがない。自己責任でしょ」。こう先輩会社員を批判していたハヤシ（仮名）さんは当時、47歳。彼は「あと3年後には50歳になるので、さっさと辞めるって決めてます」と豪語していました。

ところが、彼は「さっさと」辞めなかった。

「何度もエントリーしたんだけど、やっぱコネがないと難しいんですよね〜。とんだ〝負け組〟になってしまいましたよ。まぁ、定年延長で60までいられるんで、ボチボチやりますわ」

51歳のときに行った2度目のインタビューで、苦虫を噛み潰したような顔でこうぼやいていたのです。

ハヤシさんは、先輩に対しては「自己責任」となじったのに、自分は「コネがないから」

と周りのせいにしました。自分の責任ではなく、コネを重視する企業の責任。周りが羨《うらや》む転身に手こずっている自分を慰めるために「負け組」という言葉を使っていました。

人はしばしば不合理で、非論理的で、自己中心的ですが、自己責任という言葉を多用する人ほど、他人に厳しく自分に甘い。新中間階級ならではの「共感性の欠如」です。

私はこれまで多くの会社員から話を聞き、多くの会社員を見てきましたが、「○歳まではいられるんでとりあえず今は……」と言う人は、大抵、言葉どおり定年を迎えるまで会社で〝ボチボチ〟過ごし、その後も契約社員などで会社に残り、これ以上いられない状況になるまで「会社員」という立場にしがみついていました。「会社員」でいること自体がいつの間にか「目的」になる。まさに「会社員という病」です。

社会的地位や高い収入といった外的な豊かさは、想像以上に人間の「たくましさ」を封じ込めます。自分のものさしを信じる力、「自律性」が欠けたとき、人は動きを止めるしかなくなってしまうのです。

しがみつく会社員の最大の不幸とは

自律性とは、「自分の行動や考え方を自己決定できる感覚」のことで、「自分の可能性を信じる心」であり、たくましさです。

何らかの困難や岐路に立たされたとき、自分のものさしや決断を信じ、ほんの少しずつでも前に進めば、世間の視線に惑わされることはありません。

所詮、周りの評価なんてものは一夜で変わる、ガラス細工のようなもの。昨日まで一流だと思われていた会社が、ちょっとした不正や事故をきっかけに三流以下になったり、数日前まで時代の寵児のように扱われていた人が、ちょっとした発言で相手にされなくなったりすることを、誰もが見聞きしているはずです。

ところが、自分のことになると「世間のものさし」に頼る。人は他者比較から完全に逃れられないからこそ、自律性が欠かせないのです。

そして、どんなにささいな仕事でも、それをあたかも偉大で崇高な仕事であるがごとく成し遂げることこそが、「本物のプライド＝自律性」だと私は信じています。

ちなみにリストラ請負人だったイシイさんは、「恩人の社長さん」の会社で部長として働いていますが、給料は以前より大幅に下がりました。

それでも「全く不満がないと言えば嘘になる、でも、ここには未来がある」と、穏やかな口調で言います。

他者は常に気づきの契機であり、それに感謝する気持ちが、「足るを知る＝知足者富」心をもたらします。

老子の「外的な豊かさではなく、内的な豊かさに目をむけよ！」という名言は、まるで現代の新中間階級を見越したメッセージのようにさえ思えます。

時代が変わり、会社という組織のあり方も変わり、「セカンドキャリア研修」という名の肩たたき研修が行われ、耳にタコができるほど「自立」だの「自分らしく生きる」だのという言葉を講師が連発するようになりました。

メガバンクでさえ大規模なリストラが行われる今、「現在の地位」の賞味期限はすぐ切れるのに、人生は長くなる一方です。

とっても申し訳ないのだけど、「○歳までいられるんでとりあえず今は……」という常套句を聞くたびに、自分の可能性を信じなくてどうする？　とケツをたたきたくなってしまうのです。

第3章

個人をむしばむ「会社員という病」

中高年の不安の正体

「男はつらいぜ」の内実

「何が社会人生活の成否を分けるのだろう。サラリーマンの目が死んでる理由を僕はまだ知らない」——。こんな素朴な疑問が書かれたブログが、数年前話題になりました。書いたのは就職を控えた学生の一人です。

私自身、「痛勤電車」に乗る会社員の表情を見るたびに心配になっていたので、「目が死んでる」という絶妙な表現には笑ってしまいましたが、会社員を取り巻く環境は、平成の30年間で笑えないほど過酷になりました。

お給料は1997年の467万3000円をピークに下がりはじめ、2017年は432万2000円。90年からの27年間で、たったの7万円しか上がりませんでした（国税庁「民間給与実態統計調査」より）。〝部下オリエンテッド〟〝女性オリエンテッド〟の世の中になり、ちょっとでも〝上司風〟を吹かせようものなら「パワハラだ！」と断罪され、ちょっとでも〝オッサン臭〟を漂わせようものなら「セクハラだ！」と告発される始末です。

その一方で、会社からの要求は〝青天井〟に高まり、家庭では子育てを終えパワーアップした妻から厄介者扱いされ……。仕事が終わっても自宅に足が向かず、街をフラフラする「フラリーマン」の心情をおもんばかると切なくなります。

会社という共同体にいると「会社は守ってくれるだろう」という錯覚に陥ることがあるかもしれません。しかしながら、会社員はもはや「お気楽な稼業」ではなく、「気うつな稼業」に様変わりしました。

それを数字で裏付けたのが、男女共同参画白書刊行初の「男性特集」。「２０１４年版男女共同参画白書」です。

●共働き世帯は年々増加傾向にある一方で、男性の長時間労働は改善されていない
●非正規の男性の未婚率は、30～34歳が84・5％、35～39歳が70・5％、40～44歳では57・6％
●週60時間以上就業している者の割合は、就業形態を問わず女性より男性の方が多い

●平均所得は女性で増加傾向、男性では正規・非正規など雇用形態や学歴を問わず減少
●「現在、幸せである」とする割合は、女性の方が高い
●「現在、幸せである」とした割合を、世帯収入別に見ると、男性は300万〜450万円未満がピークであるのに対し、女性は世帯収入が高くなるほど幸福度が高い
●妻が「自営業主・家族従業者」の場合に夫の幸福度が最も高く、妻が「主婦」の場合に、夫の幸福度は低い

……etc, etc.

ごらんのとおり報告書から聞こえてきたのは、「俺たちって、長時間労働、低賃金、で、結婚もできない孤独な人生……。俺って、そんなダメな人間ですか？」という男性会社員の悲痛な叫びでした。

ちなみに欧米諸国では、男性たちが死と向き合うような危険な状況にさらされる事態（＝戦争）が激減し、男性の幸福感が向上したのに対し、日本ではいまだに女性の方が幸福感が圧倒的に高く、日本の男性の幸福度はイラク、エジプトなど国内紛争や戦争が行われている

国々と同等のレベルしかないこともわかっています（「世界価値観調査 2014」）。

月曜日の朝、中高年の自殺が増える理由

2018年、ある研究結果が「会社員」に鈍い絶望感をもたらしました。

「月曜日の朝、中高年の自殺が増える」ことがわかり、驚くべきことにその頻度は、土曜日の1・55倍も多くなっていたのです。

時間帯で比較すると月曜日朝（朝4時から7時59分まで）に自殺する頻度は、午後8時以降の1・57倍。最も少ない土曜夜（午後8時から午前0時）との比較では2・5倍。その傾向は、1990年代後半以降顕著になっていました（Diurnal variation in suicide timing by age and gender: Evidence from Japan across 41 years）。

いかなる研究にも「ウリ」が必要不可欠ですが、今回のそれは世界的にも類をみない大規模なデータを用いたこと。研究グループは1974年から2014年までに自殺した103万3027人のうち、20歳以上で死亡時刻・曜日が記録されている87万3268人を、性別・年齢別に分析したのです。

月曜朝に男性の自殺が増える現象は「ブルーマンデー」と呼ばれ、1970年代に米国、フィンランド、イスラエルなどから相次いで報告されました。最近では英国が93年から2002年の間に記録されたすべての自殺死亡のデータを分析し、月曜日のピークを確認。日本国内でも同様の傾向は1979年の北海道で行われた調査で示され、2003年に全国で記録された自殺死亡のデータからは、月曜日の自殺率は週末の1・55倍高いと報告されてきました。

しかし、今回使われた41年分のデータで、「ブルーマンデー」がない時期が存在することがわかった。バブル崩壊で日本経済がどん底になった1995年を境に、前期（74～94年）と、後期（95～14年）の2つのグループに分け分析したところ、バブルが崩壊するまでの日本にはブルーマンデー現象は出現していませんでした。

さらに、データを年齢と性別の比較で分析したところ、若い男性（20～39歳）の月曜朝の自殺が集中する頻度は中高年男性（40～65歳）に比べ3割～5割ほど低く、失業率が高まると中高年と若年層の男性でのみ自殺が増加することが確認されました。

統計的な分析では、母数が多ければ多いほど、期間が長ければ長いほど、体系的に「真実」が「見える化」されるのです。

ストレスの雨にさらされ続ける中高年男性

おそらく多くの人が「月曜の朝の中高年の自殺」と聞き、「電車の事故」を思い浮かべたはずです。私自身がそうでした。

「駅のホームで電車を待ってるときに、フラッと……ホントにフラッと……落ちそうになったことがある。後ろの人に腕を掴まれて。『あ、自分、ナニやってるんだろ』って驚いてしまった」という経験を、インタビューした男性から聞いていたので、余計にそう考えていました。

ところが「真実」は全く違いました。

中高年男性の自殺手段でいちばん多かったのは「縊死《いし》」。次いで「ガス自殺」。家族が寝静まったあとに、強い意思で命を絶っていたというやりきれない現実が分析で明かされたのです。

失業率が高まると
中高年男性・若年層男性に自殺が増える

自殺死亡率の変化

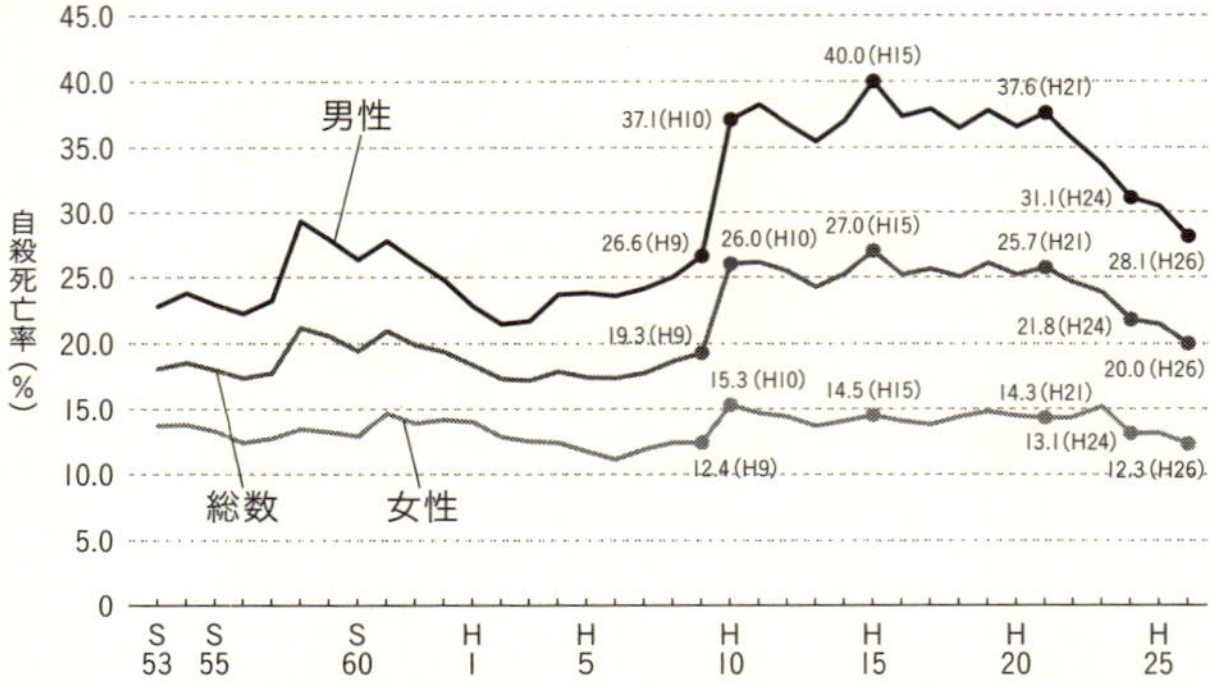

出所：警察庁自殺統計原票データ、総務省「国勢調査」及び「人口推計」より内閣府作成

平成28年における
自殺未遂歴の有無別自殺者数の割合 単位：%

ありなし不詳

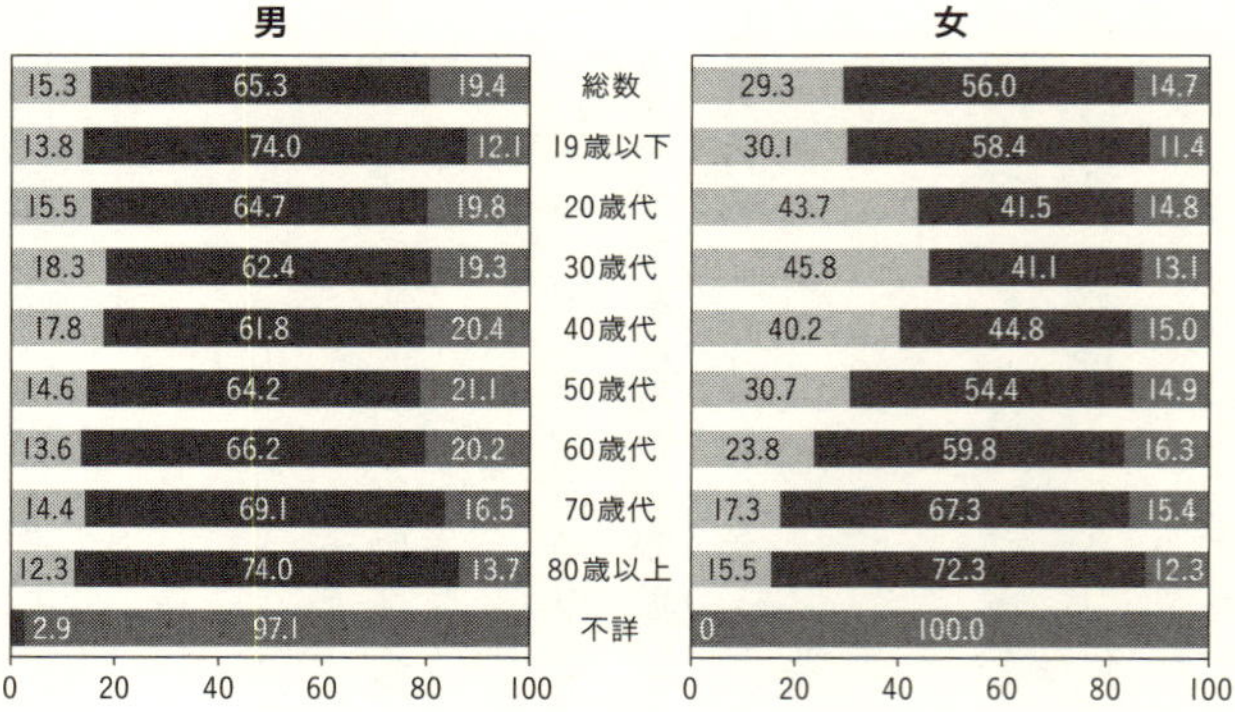

資料：警察庁「自殺統計」より厚生労働省自殺対策推進室作成

命を絶つ人の多くが「生きていることの苦しみ」から逃れたいという衝動と、「生きたい」という願望を同時に持ち合わせ、一瞬の心のゆらぎで悲しい選択をしてしまうことがあります。

特に男性は悩みがあっても他人に相談をするのをためらう傾向が強く、自殺予防の介入が可能な自殺未遂が女性に比べ少ないことに加え、より確実な手段を選択するとされています。

年間の自殺者が3万人を超えた1998年から2012年の14年間と比べれば、自殺する人の数は減りました。しかしながら、自殺死亡率は1970年代より今の方が高いのです。特に、40代の男性の自殺率は他の年代に比べ高く、先進国の中でも高く、勤務問題を原因のひとつとする割合も際立っています。

それ「働き方改革だ！」やれ「輝ける社会だ！」といったスローガンとは裏腹に、企業に勤める「男性会社員」を取り巻く環境は悪化の一途をたどっている。ホントはSOSを出したいのに無理して「ストレスの雨」に耐える。それを口にした途端、自分がとんでもなく弱虫な気がして、自分でストップをかける。「傘を貸してください」という、たったひと言が言えないのです。

うつ病はアジア・太平洋地域に集中している

自殺者の多くは、うつ傾向やうつ病を発症しているとされていますが、うつ病は市場経済の発達とともに爆発的に増加しました。

心理人類学者のバック・シーフェリンによれば、ニューギニアで石器時代の生活をしているカルリ族には、うつ病になる人や自殺をする人がいないそうです。アフリカの狩猟採集民ハッザの人々もうつ病と無縁です。彼らの暮らしに共通しているのは「お互いを思いやり、互いを尊重する」文化です。

おカネというものがこの世に生まれるまでは、人の生活は公平な分配が基本でした。狩りで捕らえた鹿は、みんなできちんと均一に分配する。自分だけが手に入れることへの後ろめたさが、そうさせたのです。

かたや現代社会ではどうでしょうか。

おカネが生まれ、自分の好きなものをゲットする自由を得たことで、公平な分配社会は終焉を迎えました。「後ろめたい」という感情は消え、どこもかしこも競争だらけです。

市場経済ではカネが絶対的な価値を持ち、金銭的な富をめぐる競争はカネを稼ぐ能力の違いで「人の価値」まで選別するようになりました。競争社会では　周りよりもたくさん稼ぐことが大切であり、そういう人だけが価値ある人間として振る舞える権利を得られます。

よりよい仕事に就ける可能性、よりよい結婚ができる見込み、さらにはそれらすべての優位性が自分の子供に受け継がれるためには、相対的に高い位置に立たなくてはならない。「人より〇〇」という相対的価値への呪縛が、後ろめたい気持ちを抑制させた。生々しい感情を抑え、利己的に生きないと自分が生き残れないことを私たちは経験的に学び、「うつ」を量産させたのです。

いったい何人の人たちから、「実はメンタルやっちゃって」と聞かされてきたことか。いったい何人の人たちから、「あの人、うつになってしばらく休んでたんですよ」と教えられたことか。私自身、「ヤバイ」と自分が心配になったことがあります。イライラする自分、睡眠3時間程度で目が覚めてしまう日々、いったいいつまでこの生活が続くのだろう、という漠然とした不安感。多くの人たちが、ギリギリのラインで生きているのが今の日本社会です。

世界保健機関（WHO）によるとうつ病に悩む人は世界総数推計で3億2200万人。10年間で18％以上増加し、地域別ではアジア・太平洋地域で世界全体の約48％を占め、日本はうつ病に悩む人が多い国の一つです（2015年のデータに基づく）。

「長時間労働」よりも会社員を追い詰めるもの

東大の研究グループ（著者らによる）が行った「職場のストレッサー（ストレスの原因となるもの）とそのストレス度（どれくらいストレスを感じたか）の大規模な調査」では、男性会社員でもっともストレス度が高まるのは「将来への展望のなさ」でした。

仕事の要求度や切迫度、長時間労働などもストレス度を高めますが、「将来の展望がない」と答えた人ほどそれらのストレス度が高まり、精神健康も低くなっていたのです。

将来への展望のなさとは「将来の予想図」が描けない状態です。

先輩たちのキャリアパスが全く参考にならない雇用環境に投じられ、今までの成功法則があてにならない不確かさが、「将来不安」として暗澹と襲いかかる。高度成長期の男性会社員は、会社で一所懸命働くだけで、それなりの社会的地位を得ることができました。「お父さんは家族のために会社で頑張っている」だけで、家族からも尊敬されました。

でも今は、「会社」というひとつの組織で会社員をしているだけで、自分の存在意義を感じるのは難しい時代です。

給与も期待できなきゃ、いつ放り出されるかもわからない。転職したところで、正社員で雇ってもらえる保証もなければ、同等の賃金をもらえる保証もない。

カネをこの先も稼ぎ続けられるのか？　自分はこの先社会で必要とされる存在でいられるのか？

まるで禅問答のように繰り返される自問に息がつまる。本当は会社員以外の「何者」かになることが求められているのに、何者になればいいのかさえわからない。そのジレンマが将来不安をますます強めているのです。

それは「かりそめの安心」に身を投じたしがみつく会社員も同じこと。だって「不安」は決して消えていないのです。ふつふつとまるでマグマのように煮えたぎる不安が、何かをきっかけに大噴火するかもしれないのです。ある日突然、「このままでいいのだろうか」と思うようになり、将来不安に翻弄されるのです。

2035年にやってくる会社員消滅社会

2016年8月3日。第3次安倍第2次改造内閣が発足し、働き方改革担当相が誕生した前日、厚生労働省のHPで私たちの「未来予想図」となる報告書が掲載されました。

2035年にはVRやAIによる技術革新で多くの職場にロボットが参入し、最新技術を最大限に生かせば、これまでとは異なる「働き方」が可能になります。そこで従来の枠組みにとらわれずに20年先を見据えた「働き方」の議論を目的に、厚労省が「働き方の未来2035」懇談会を設置し、政策提言書をまとめたのです。

メンバーはフューチャー代表取締役会長兼社長グループCEO金丸恭文氏を座長に、経営共創基盤代表取締役CEO冨山和彦氏、ヤマトホールディングス代表取締役社長山内雅喜氏、前厚生労働事務次官の村木厚子氏もアドバイザーに名を連ねるなど、そうそうたるメンバーです（すべて2016年時の役職）。

報告書のタイトルは『働き方の未来2035：一人ひとりが輝くために』。実に前向きで、光り輝く未来が待ち受けているような印象です。https://www.mhlw.go.jp/file/05-Shingikai-12601000-Seisakutoukatsukan-Sanjikanshitsu_Shakaihoshoutantou/0000132302.pdf

ところがその内容は、自立、契約、情報、で、自立、契約、自由、それでまた自立……と、「自立」という二文字が脅迫的なまでに使われ、読み終えたあとに〝食あたり〟ならぬ、〝自立あたり〟に襲われるほど。「自由」という言葉も、実に攻撃的かつ排他的に使われていました。

「20年という月日は長いようであっという間だ」と、急き立てるようにシメられている報告書の中から、「会社との関係」「企業の役割」について言及している箇所を抜粋要約して紹介します。

【会社員消滅社会】

会社との関係

●空間と時間を共有することが重要だった時代は、企業はひとつの国家やコミュニティのような存在だったが、2035年の企業は、ミッションや目的が明確なプロジェクトの塊となる。プロジェクト期間が終了すれば、別の企業に移動する形になっていく。その結果、企業に所属する期間の長短や雇用保障の有無等によって「正社員」や「非正規社員」と区分することは意味を持たない。

企業の役割の変化

●これまで企業は、ひとつの国家、あるいはコミュニティ、家族のような役割を担ってきた。だが、自立した個人が多様な価値観をもって自由に働く社会では、企業への帰属意識は薄れ、これまで企業が担ってきたコミュニティの役割を、代替するものが生まれてくるに違いない。

さらに「自立した個人」と題された部分には以下のように記されています。

●2035年には個人が、企業や経営者との対等な契約で、自律的に活動できる社会に大きく変わる。企業の内と外との境界線が低くなり、独立して活動する個人も増える。

「自立した個」というファンタジー

提言内容を至極端的にまとめればこうです。

「これからは『自立した個』じゃなきゃ働けないし、生きられない。会社に頼らないでね。すべて自分で自由にコントロールできるから、経営者とも対等になる。自立する人が、自由になる。幸せになれる！ これって最高〜〜」——。

さて、提言書の意味がおわかりですね。

「会社員」は消滅するのです。会社組織を「場」ではなく「資格」で構成しようと言っているのです。会社という「法人の頭」は残すけど、「身体」はその時々でとっかえひっかえし、使い勝手のいいものに都合よく変えると言っているのです。

「全体は部分の総和に勝る」とはアリストテレスの名言ですが、「よき会社」をつくるからこそ、1＋1＝3、4、5というチーム力が発揮されるのに、真逆をやろうと言っているのです。

　会社＝COMPANY（カンパニー）とは、「ともに（COM）パン（Pa・ins）を食べる仲間（Y）」のこと。「個」ではなく「チーム」です。会社とは、「（食事など）何か一緒に行動する集団」であり、一緒にパンを食べる人に救われ、互いに励まし合います。「もう無理！」というときでも仲間がいれば、最後まで踏ん張ることができる。その一緒にパンを食べる人とのつながりを育むのが、〝時間〟であり〝空間〟です。

　いったい今の日本のどこに、「経営者と対等な契約」などできる人材がいるのでしょうか。そもそも「個」にこだわる人は、会社員になっていません。

「自立した個」という言葉は、「個」を確立さえすれば、すべてが手に入るといったニュアンスをかもし出します。しかしながら、個を確立して結果を出せるのはごくごく一部です。どんなにスキル習得の機会を提供されようにも、どんなに「目標を持て！」「もっと強くなれ！」「自分を信じろ！」とケツをたたかれたところで、どうやったって強くなれない〝へなちょこ〟の方が実際には多い。というか、〝へなちょこ〟がフツーなのです。

ところがやっかいなことに「個」という言葉が魅力的すぎて、その〝へなちょこ〟までもが「個を確立」さえすれば、と錯覚する。さんざん周りに世話になったくせに、まるで自分だけで「個を確立した」と勘違いする輩も少なくありません。

社会的存在である人間にとって、唯一無二の「個」などファンタジー。「個」と「依存」を対極に捉え、会社員を「依存した存在」とみなすのは、ある意味「会社員」をバカにしているのです。

人類は「互いに依存しあう集団」をつくることで生き延びてきました。それは現代も続いています。誰もが例外なく、何かに依存して生きています。真の自立とは依存の先に存在します。

残念なのは、ここでどんなに私が吠えたところで、「国の流れ」を変えるのは無理ってこと。政府が副業を容認し、「フリーランス」という言葉をやたら滅多に使用し、非正規雇用を減らす努力を一向にしないのも、すべては「会社員消滅社会」へのプロセスです。

まさに「２０３５年までの月日は長いようであっという間」です。40歳が56歳に、50歳が

66歳になったとき「会社員消滅社会」が待ち受けているのです。

企業戦士ガンダムと自己疎外

作家の伊井直行さんは、会社員小説で描かれている会社員について論じた著書『会社員とは何者か？』（講談社）の中で、会社員をガンダムに喩《たと》えました。

「会社員小説において、ガンダム（ロボットに入りロボットの一部になることの比喩）を下りて自然人に戻ると、会社員である登場人物は、モビルスーツを着ていた法人である自分を忘れてしまう。逆もまた同様。元は一人である二人が、お互いを疎外しあっている。（中略）（日本の自殺者の多さは）モノでもあるヒト、二人であり一人である会社員の自己疎外が生んだ悲劇であるかもしれない」（『会社員とは何者か？』p220）

自己疎外。難しい言葉です。

元々はヘーゲルやマルクスに代表される思想的な潮流で使われた言葉ですが、デュルケルムやジンメルなどの、いわゆる大衆社会論でも用いられてきました。マルクスは「労働の自己疎外」という言葉を使い、人間本来のあり方＝根源的な労働過程が、いかにして変質し、そのことによって働く人たちがいかに苦しめられているかを哲学的に表現しました、そして、そのことを我々が自覚する重要性を説き、「人間本来のあり方を取り戻そうとする行為（運動）が、本来の共産主義である」としたのです。

健康社会学的な視点では、自己疎外は「自分を見失い、今の自分が本当の自分と感じられない状態」をさします。自分と自分の置かれた環境に折り合いをつけられなかったり、自分の身に起きていることを把握できないことで生じます。

自己疎外はそれぞれの立場や視点で、解釈や定義に若干の違いはありますが、大きく捉えれば「真実の自分ではない自分として生きている」こと。伊井さんはそれを「ガンダム」に喩えた。私なりに伊井さんの「ガンダム論」を解釈すると、「人」が会社員になった途端、会社の戦闘要員＝企業戦士と化す。父親であり、母親であり、息子であり、娘である「自分」より、「〇〇会社の会社員である自分」が優先される非人間的かつ不自然な状態に、ある意味、警告を発したのです。

「油を売るおじさん」「窓際族」が内包する価値

かつての日本の会社では、会社が用意した「モビルスーツ」がフィットしない場合、脱ぐことが許されていました。

モビルスーツを脱いだ彼らは、一見すると会社の戦力外のように見えるかもしれません。しかしながら、おじさんたちは、モビルスーツの重さに耐えられない若い社員を励ましたり、上司との揉め事の仲裁をしたり、たわいもない話をあちこちでして回りながら、モビルスーツの動作点検をしていました。「油を売るおじさん」や「窓際族」になることを会社は許し、大切にしたのです。

また、高度成長期の昭和の時代は、たとえ自己疎外が起きても精神を病むほど追い詰められることはありませんでした。お父さんは「会社員」を演じていれば、父としての「自分」も無条件に評価され、家族も豊かになる褒美を会社組織が提供していました。１９７０年代後半に自民党が「社会福祉の担い手は企業と家族」とする日本型福祉社会を掲げたことで、日本企業は従来以上に会社員やその家族を支援する福利厚生を充実させました。

でも、今は違います。会社が求めるのは、最新の兵器が搭載されたモビルスーツにフィットする「戦闘員」のみ。会社の規格にフィットした「スーパー会社員」しか必要としていないのです。私は、こうした傾向は「グローバル人材」なる言葉が氾濫するようになってから顕著になったと考えています。

先の提言書を書いたメンバーは、まさに「スーパー会社員＝グローバル人材」です。ガンダムの操縦に長けていて、自己疎外を経験せず、自己実現した極めて恵まれた人たちです。

私はこれまで何度か、会社員が「会社員の人格」を表出させたときの怖さを経験しました。所詮、出入り業者でしかない私は、〝ガンダム〟のスーパー上から目線で隙のないお叱りに、「全くもってそのとおりです！」とうなずくしかありませんでした。彼らは正論しか言いません。その正論には、会社側が不利になるような文言は一切含まれていません。かといって執拗に個人＝私を責め立てるものでもない。しかしながら、〝我が社のコンプライアンス〟に基づくであろう正論が、丸裸の私にはキツいのです。そして、妙に納得するのです。「ああ、この人は出世していくんだろうな〜」と。

会社員がマンモスになるとき

トヨタの会長だった奥田碩氏は、機会あるたびに「解雇は企業家にとって最悪の選択。株価のため、雇用を犠牲にしてはならない」と語り、ことごとくサービス残業を問題視し、労働時間管理の適正化と法律の順守を訴えました。

そして、2003年1月、経団連会長として「人間の顔をした市場経済」という言葉を掲げ、「これからの我が国に成長と活力をもたらすのは、多様性のダイナミズムだ。国民一人ひとりが、自分なりの価値観を持ち、他人とは違った自分らしい生き方を追求していくことが、こころの世紀にふさわしい精神的な豊かさをもたらす」と、名言を吐きました（奥田碩『人間を幸福にする経済――豊かさの革命』PHP新書）。

しかし、今の市場経済に「人間の顔」は見えません。うつ、過労死、過労自殺が後をたたず、「人」の価値を軽んじる一方で、企業＝法人を守るための策ばかりが横行しています。多様性とは口ばかりの不寛容な社会と、不公正な世界が広がってしまいました。

私たちは可能な限り「自分自身」でありたいと願いつつ、他者との関係性を築きます。しかしながら、「個」や「自立」だけを重んじる組織にあるのは競争のみ。生き残るために互いの足を引っぱりあい、個と個を結びつけていた糸はほつれ、切れ、「会社」は人が共に生きる理想郷から、孤独という病を生む暗黒郷に成り下がりました。

どんなに定年年齢が伸びようとも、会社は50歳以上の「ライン外」の会社員は相手にしません。

どんなに「俺はデキる戦闘員だったんだぜ！」と自負しようとも、モビルスーツに搭載されているのは、錆びついた時代遅れの使い物にならない武器ばかりです。なのに、「会社員でいること」が目的と化した会社員にはそれがわからない。「会社員」という立場に過剰適応してしまったのです。

タテ社会の組織への過剰適応が「ジジイ」であることは第1章で書きましたが、「会社員」という立場への過剰適応の行き着く先はストレス学では「バーンアウト」であり、進化学では「巨大化したマンモスの牙」です。

バーンアウトは燃え尽き症候群とも呼ばれ、心的エネルギーを絶えず過度に要求された結果、極度の心身疲労に陥り、心が燃え尽き、灰になります。一方、「巨大化したマンモスの牙」はマンモスが環境に過剰適応し、進化の袋小路にはまった結果だとされています。「牙はデカいほどいいぞ！　他の動物に攻撃されても勝てるし、女にもモテるしカッコいいぜ！」と自分の牙の魅力に浸り、細かいことはおかまいなしに牙を大きくし続けるうちに牙の巨大化が止まらなくなった。やがて牙が大きく曲がるほど巨大化し、それが不利になり絶滅したというのです。

「牙絶滅説」は今は否定されている古い学説ですが、環境の変化にマンモスが適応できず絶滅したことはまぎれもない事実です。

会社員を取り巻く環境が劇的に変わりつつある今。求められるのは「マッチョさ」ではなく、「しなやかさ」なのです。

第4章

ジジイ取りがジジイになる

「粘土層」「小ジジイ」の台頭

ジジイ・ゲートをくぐれない会社員の「粘土層」化

年功序列と終身雇用が当たり前だった過ぎし日の会社組織では、「ジジイ・ゲート」は多くの会社員に開かれていました。ところがバブル崩壊以降、〝効率化命〟とばかりに、会社はこれ以上削るところがないくらい人減らしに専念。ポストは減り、子会社や関連会社に出向する道も閉ざされ、組織の最上階に設置された「ジジイ・ゲート」は狭き門となっていきました。

その結果、ライン管理職になれないマンネン平が現場にあふれ、「部下なし管理職（＝スタッフ管理職）」が誕生。部下はいないが、待遇は部下あり管理職と同程度という、会社側のせめてもの温情が込められたポジションです。「ヒラのまんまじゃ気の毒だろう」と、実に日本人らしい、曖昧な身分を与えたのです。

しかしながら、「親の心子知らず」とでも言いましょうか、「会社の心知らずとも、ジジイの心知る」とでも言いましょうか。武士の情けで部下なし管理職になった会社員は、ラインから外れた管理職とともに、〝大ジジイの守り神〟となる道を選択。影響力を持つ大ジジイの「タテシステム」の下っ端に入ることで、「自分」を少しでも強く見せる策を講じました。

粘土層――そうです。ジジイの壁にベッタリと張り付く粘土層として、ときに息を潜め、ときに大ジジイに忖度し、ときにジジイ追放を目論む「若者、よそ者、バカ者」たちの足を引っぱることで、崩壊寸前の「会社員アイデンティティ」を守ったのです。

「Yahoo！おじさん」「仏像男」誕生の背景

粘土層はどうしようもない厄介者です。仕事をしているフリが上手な「Yahoo！おじさん」、考えごとをしているフリが上手な「仏像男」、一日中ウトウトしている「居眠りおじさん」、終業時間間際に息を吹き返す「4時50分男」……などなど、粘土層を揶揄する言葉は無尽蔵に存在します。とはいえ、忘れないでほしいのです。粘土層を大量に生み出したのは「効率化」というマジックワードに踊らされたトップです。

「階層社会では、大きな組織の上層部には、立ち枯れた木々のように無能な人々が積み上げられている」（by ローレンス・J・ピーター博士）

とピーター博士が説くように、無能な経営者が無分別に「効率化＝人件費の削減」と解釈し、「出て行くものを減らす↓元手がかからない」という小学生でもわかる計算の経営をしたのです。

経営学を労働史から分析した組織行動学者のジェフリー・フェファー氏は、「生産性を上げるために雇用保証が必要であることは、多くの調査が示している」とし、人件費を削るなどの経費削減が、長期的には企業の競争力を低下させると、警鐘をならしました。「リンカーン・エレクトリックの最高経営者であるドナルド・ヘイスティングスは、一九九六年の経営管理学界のスピーチで、ダウンサイジングを『ダムサイジング（愚かなサイズ合わせ）』と呼んだ」（『人材を活かす企業』翔泳社）

立ち枯れた木々は〝オレ様がルール〟なのでエビデンスなどおかまいなし。どこまでも「ダムサイジング」を繰り返します。

欧米のように「成功したトップ」が他の企業にヘッドハンティングされたり、結果を出せなきゃトップでも解雇されるというガバナンスが徹底されていれば、立ち枯れた木々も少しは必死になったかもしれません。しかしながら、「社長さんの椅子」が会社員人生のゴールとなっている日本の社長さんに必要なのは、経営力より保身術。危うくなったら勝手に論点をすりかえる「ご飯論法」やら知らぬ存ぜぬ現在調査中をくり返す「きな粉餅論法」を駆使し、それでもヤバイときは「記憶喪失の術」を使いまくればいいのです。

なんやかんや言っても、会社はそうそう簡単にはつぶれません。現場には優秀な社員がいますし、たとえ失敗して損失が出ても、所詮は現場主導なので会社がつぶれるほど大きい額じゃない。「うちの会社はダメ。いつかつぶれる……」という悲鳴は何度も聞きましたが、「やっぱりうちの会社つぶれました」という報告を受けたことは一度もありません。

在任期間中、問題を起こさなければ、やがて「会長」の椅子をゲットできる。無能な経営者は下手に動いて失敗するくらいなら、何もしない方が案外安泰なのです。

働かないアリの存在意義

「働かないアリ」の研究で知られる北海道大学の長谷川英祐先生と対談したときに、興味深いことをおっしゃっていました。「集合体をつくって生活する生き物たちは、組織の効率を最大にするような進化をしていない」と。「むしろ効率化を試みたものたちは、生き物38億年の進化の過程で、滅びた可能性が高い」というのです。

長谷川先生は都市伝説とされていた「働かないアリ」の存在を、アリ1匹1匹にマーキングして観察実験をするという超アナログ手法で突きつめたユニークな研究者です。先生の研究グループが長期間観察を続けたところ、集団の役に立つようなことを何ひとつやらないアリが、全体の2割いることがわかりました。「働かないアリ2割」が不動のものなのかどうかを探るため、「働いてない2割」だけ取り出してみたところ、残った「働きアリ」の中からまたもや2割の「働かないアリ」が出てくることがわかりました。働きアリ8割を取り出した場合も結果は同じで、残った働かないアリの中から8割が働きアリになり、8：2の比率に戻ったといいます。

ボ～ッとしたり、自分の体の掃除をして1日過ごす「働かないアリ」は一見すると無駄な存在です。しかし、アリの世界で最も重要な仕事である「卵の世話」は、常に誰かがやっていなければダメ。もし、みんなが一斉に働き、みんなが一斉に疲れてしまうと、誰も卵の世話をすることができずコロニーはダメージを受ける。そこで、働いているアリが疲れてしまったときに、働かないアリが卵の世話のヘルプに入ることでコロニーが守られているそうです。

あえて無駄をつくることが集合体の存続には有利だということを、働かないアリさんたちが証明したのです。

粘土層は、大ジジイの権力を増幅させる

かたや人間の集合体＝会社組織はどうでしょうか。

無駄は「悪」。競争に勝つには無駄を省け！ の大合唱です。

会社組織が集合体である以上、部品が動くための油＝油を売るおじさんや、部品が壊れたときのバックアップ＝窓際族は、必要な無駄。性能のいい〝機械の部品〟だけでは、やがて破滅します。

でも、立ち枯れた木々にはそれが理解できない。と言うより、立ち枯れた木々＝大ジジイは、会社より自分を守ることしか興味がないので、〝無駄〟を徹底的に排除する一方で、「自

分のためだけに働く働きアリさん」を重用します。

大ジジイは大抵「人たらし」のプロですから、絶妙なタイミングで「ひとつ頼むよ」だの「まぁ、面倒見てやってくれよ」だのと粘土層をねぎらい、粘土層はその大ジジイの情にあふれるお言葉に心奪われ、忖度という技を最大限に駆使し、大ジジイの反抗勢力潰しにことごとく参戦します。

とりわけ「部下なし、仕事なし、昇給なし」だった粘土層の空虚感は、他人の足を引っぱったときに沸き立つ「シャーデンフロイデ」の香りで満たされやすい。その快感が粘土層の〝仮想的有能感〟を高め、不満を募らせている20代、30代の会社員たちの敵対心をますます煽り、おじさんVS若手の分断が広がっていくのです。

「さよなら、おっさん。」と「不屈　おっさん魂」

2018年6月26日付の日本経済新聞の朝刊に、世のオジさんたちを一斉に戦慄させた全面広告がでました。

〈あー、またか。みたいな、困った出来事多いですよね、最近。／それ、だいたいの場合、「おっさん」のせいです。〉

コピーの上には紙面の4分の1を占める「さよなら、おっさん。」の巨大な見出し。

広告主はソーシャル経済メディアの「NewsPicks」です。掲載紙に中高年男性が大好きな日経新聞を選んだ時点でCMとしては大成功です。

不屈 おっさん魂

長友ら躍動 走る、狙う

日本、決勝Tへ前進

セネガルとドロー

2018年6月26日日本経済新聞朝刊31面ではこの記事の隣に「さよなら、おっさん。」のコピーが躍った。

が、おっさんを舐めてはいけません。なんと「さよなら、おっさん。」の左面に「不屈 おっさん魂」という大きな見出しが躍りました。長友佑都、岡崎慎司、本田圭佑の3選手がサッカー・ワールドカップの対セネガル戦で大活躍したことを伝えたもので、長友選手の「おっさんたちがつくったゴール」というコメントをデカデカと紹介したのです。

日経新聞によれば「たまたまそうなっただけ」とのことですが、これぞおっさん魂。悪く言えば「しらばっくれる」、よく言えば「してやったり」。おっさんを舐めてはいけません。「引き」と「したたかさ」こそが、おっさんならではの妙技であり、人間力です。

おっさんを舐めてはいけない

「お前がいちばんおっさんをジジイ、ジジイって、ディスってるじゃないか！」

おそらくこう口を尖らせている人もいるかもしれません。

ここは大切なところなのでビシッと言わせていただきますが、私が批判しているのは「ジジイ」であって「おっさん」ではありません。プロローグで書いたとおり、ジジイの対義語が「オジさん or おっさん」であり「オバさん or おばちゃん」です。ジジイには、人を属性で判断し、自分より「下」の人をバカにするという悪癖がありますが、「おっさんはこの国の未来」です。

「さよなら、おっさん。」というコピーは挑発的で訴求力もあります。しかしながら私は、新聞を広げた瞬間「ジジイ」臭をぷんぷん感じました。拙著の帯に書いた「ジジイの壁」という言葉にはたくさんの人が共感し、笑ってくれましたけど、「さよなら、おっさん。」というコピーに、私は笑えませんでした。

広告によれば「この国の、凝り固まった価値観やルールのこと＝おっさん」で、「NewsPicks」の有料会員になって「情報をアップデートすればおっさんにはなりませんよ」ということらしいのですが、「情報をアップデートする」とはどういうことなのか？ 私にはそれもよくわかりませんでした。

情報が大切なのは理解できます。でも、アップデートして「歩くYahoo!ニュース」になることが、そんなにすばらしいのでしょうか。情報合戦の過熱がフェイクニュースを生み、無実の人が傷つけられたり、人生がめちゃくちゃにされたりしているのではないのでしょうか。乱暴に「情報をアップデート」することで、大切な価値が失われている。古い頭の私には、そう思えてなりません。

「知っている」と「わかっている」は違う

大学の講義や会社のリーダー向けセミナーをやっていると、「知っていることとわかっていることは違う」という認識すら持てない人の多さに驚かされます。彼らはいろんなことは知っているけど、情報を咀嚼して自分の言葉で伝えることができません。想定外の質問をされると、それまでの饒舌さが嘘のように黙り込みます。知ってはいるけれどわかってない。だから、答えられないのです。

とりわけ若い世代は情報を集めるスキルは卓越している反面、「わからない」ことを「わからない」と言えない葛藤を抱え、「知ってるだけ大王」に陥りがちです。

大学で講義をし始めた頃、私は学生たちに「わからないときはおっさんやおばさんに聞きなさい」と何度も言っていました。ところがある日、「え？　そんなことして大丈夫ですか？」とひとりの学生から聞かれたので、「なんで？」と返したところ、「そんなことしたら、『コイツ使えない』って思われちゃう」と言うではありませんか。面食らいました。

情報が洪水のようにあふれる現代社会で最優先される価値観は「知っていること」。情報を常にアップデートし、「自分は何から何まで知っている」という人が称賛されるのです。

わかるのは一朝一夕にできることではありません。ある時点で「わかった！」と思ったことが、あるとき「実はわかってなかった」というリアルが、世の中には山のようにあります。

「私だけは知っている」という思考回路の危険性

私ごとで恐縮ですが、私は介護問題についてたくさんのコラムを書いて発信してきました。介護する人、される人の両方の立場に寄り添い、取材し、研究し、知識を深めてきたつもりでした。

しかしながら、本当に理解できたのは、父の〝変化〟に直面したあとでした。

全国津々浦々連日ゴルフざんまいだった父が、「なんとなく胃の調子が悪い」と病院に行ったところ、癌の末期であることが発覚。その日から私と家族は、80歳の老体に住みついた「癌」に翻弄され続けました。

「親の変化は突然くる」「ひとつの変化をきっかけに次々と予想だにしない変化が起こる」「2日の入院で、体もメンタルも衰える」「介護前のプレ介護がある」「母にも変化が起きる」などなど、「介護」という2文字には体験しないとわからないことだらけでした。

「追い込まれるから必死にやるんでしょうに……」と以前、私が介護問題について記したコラムに書かれていたコメントの重さをつくづく感じた一方で、「わかった」ことで私も少しだけ変わりました。それまで漠然としていた残りの人生の生き方、自分が今やるべきこと、自分が信じるもの。そのひとつひとつが少しだけ明確になっていったのです。

二次元である知識に、三次元の体験が加わって初めて、物事の一端が理解できます。知識だけでもダメ、体験だけでも物足りません。

日々起きている事象は常に多面的です。特に情報が入り乱れる現代社会は複雑すぎる。そこで単純な「解」を見つけ出し、「私だけは知っている」という思考経路が人々に倒錯した優越感をもたらしている。それを教えてくれたのが、新しいメディアを自認する「スーパーエリート」たちであり、奇しくも彼らは〝小ジジイ〟が若者の間に間違いなく存在することを教えてくれたのです。

優秀な若手社員が、やがて優秀な評論家になる理由

最初の頃は元気だった若手が、まるで評論家のようになっていくんです。

口は達者だけど言われたことしかやらないし、二言目には「ソレ、なんか意味あるんスか？」と文句ばかりです。

それでもどうにかして育ってもらいたいからアドバイスするでしょ。そしたら「上から目線」とか言われちゃうし、ちょっと厳しく指導すると「パワハラ」って騒がれる。

仕方がないから、部下に任せるより自分でやるようになってしまって。管理職は残業手当付きませんからね。正直疲れました。

――スズキさん（仮名）　男性46歳

スズキさんの言うように、入社5年目を過ぎるあたりから〝優秀な評論家さん〟に変貌する若手は少なくありません。彼らに共通するのは「新しきが良きこと」という、極めて短絡的な価値観です。彼らは年功序列や長期雇用を悪の根源のごとく捉え、「自分が評価されない」不満を抱えています。いつの時代も「若者とはそういうモノ」ではありますが、私たち、おじさん・おばさんの時代と決定的に違うのは、彼らに蔓延する「承認不安」です。

迷惑動画をＳＮＳにアップする若者と承認欲求

２００８年、当時25歳で派遣社員だった男が、秋葉原の交差点にトラックで突っ込み３人をはね、持っていたダガーナイフで無差別に歩行者を切りつけた「秋葉原通り魔事件」が起こりました。

この事件は白昼の繁華街で起きたことから、誰もが「自分がそこに居合わせた可能性」に震え、日本中が恐怖に包まれました。その一方で、男のＳＮＳでの書き込みや思考に一定の「共感」を示す人たちが少なからずいました。

「誰でもいいから殺したかった」という自己中心的な犯行動機で、他人の命を奪うなど、絶対に許すことなどできません。

しかしながら、世間やマスコミの関心は男の「派遣社員」という身分に集まり、負け組、社会的孤立、学歴、容姿への自己評価にスポットをあて、男の「誰かに認められたい」という欲望が満たされずに犯行に至ったのではないか、という議論を展開。リーマンショックで派遣切りが社会問題化していたことも重なり、「氷河期世代のテロ」とも言われました。

時期を同じくして、〝現代の若者〟の心理描写に、承認欲求や自己顕示欲という心理学用語が頻繁に使われるようになり、若者の犯行が表沙汰になるたびに、事件そのものより彼らの心理状態を若者の傾向と結びつけるようになりました。

数年前に、コンビニ店のスナック菓子につまようじを混入したり、万引きしたようにみせかけた動画をYouTubeにアップした少年（19歳）が、逮捕されたときもそうでした。

個人的にはこんなものは承認欲求などではなく、ただの「大バカもの」で、いつの時代にも存在したバカッタレがSNSにより「あぶり出されただけ」だと思うのですが、メディアは連日連夜「承認欲求」という言葉を連発しました。

ワイドショーの画面には、「僕も……目立ちたがり屋なんで、彼の気持ち……ちょっとわかるんです」「私も、なんかわかる。だから逆に、それをホントにやっちゃうのってすごいなぁって思いました」と街頭インタビューに答える若者の姿が映し出されました。私が教える大学の学生たちの中にも、少年を非難しつつも「気持ちわかる」と共感する学生が一定数存在したのには、正直驚きました。

チヤホヤされたい欲は会社では満たされない

基本的欲求の5段階説を唱えたマズローが「生理的欲求と安全の欲求が比較的満たされている社会では、承認欲求は必然的に高まる」としたとおり、「承認欲求時代」は経済バブルとともに広がり、やがて、就職氷河期によって「承認不安時代」に突入しました。

バブル期の若者の承認欲求は、ブランド品を身につけ、会社の経費で高級レストランで食事をし、タクシー券を使いまくることで満たされました。承認欲求を満たす「手段」がいくつも存在したのです。さらに「1億円プレイヤーになるぞ!」「ビッグになるぞ!」と豪語することで、周りに認められる未来の自分を想像することもできた。

でも、今は違います。経済は縮小傾向で、非正規雇用も増え、おカネのない若者で街はあふれ、ブランド品に興味を示す若者は激減しました。若者たちは、「アイツ、承認欲求強すぎ」と、承認欲求という言葉をネガティブに用い、周りの期待に応えるべく「キャラ」を演じます。

一方で、SNS時代に突入し、twitter、Facebook、インスタ、YouTubeな

ど、リアルタイムで「承認されるか否か」がわかる時代が到来しました。

SNSは承認欲求を満たすバロメーターである半面、いいね! の数、リツイートの数、フォロワーの数、コメントの数……、そのすべてが承認不安につながります。自分の知っている誰かが承認されているのが見えるので、「なぜ、俺は認められないんだろう」と承認不安が募っていくのです。

その不安感に輪をかけているのが「現代の親子関係」です。

今の若者たちの多くは「一人っ子」です。1970年代前後から30年以上、きょうだいの数は2・2人前後で安定していましたが、2005年で2・09人に減少し、2010年には1・96人と遂に2人を割り込みました。少子化に加え、「子供の個性を伸ばせ!」だの、「褒めて育てろ!」だのといった〝英才教育本〟が普及し、親たちの「子への期待」は過熱。昭和時代はお父さんの指定席だった家庭の〝主役〟を子供が取って代わり、親からチヤホヤされて育ったのが「平成の若者」です。

ところが会社には、チヤホヤする人は誰もいません。上司は部下に嫌われるのを恐れて必要以上に関わってきませんし、親父のように見守ってくれた〝油を売るおじさん〟も、慰めてくれる〝夜の看護師〟もいなくなりました。夜の看護師とは〝ママさん〟のこと。昔の会社員は行きつけのバーやスナックで、〝戦場で傷ついた羽〟を人生経験豊富なママさんに癒やしてもらいました。でも、今は仕事帰りに一杯やるカネも時間も、「それでいいのよ」と励ましてくれるママさんもいなくなりました。

〝優秀な評論家さん〟は、「本当の自分はこんなもんじゃない」という思いを晴らすために周りを批判するのです。「俺はこんなに知っている」と自己アピールし、おっさんたちをディスることで承認不安を紛らわしているのです。

自尊心の低い人ほど、権力の虜になりやすい

ちょっとここで「自尊心＝self-esteem」について触れさせてください。

自尊心（自尊感情と呼ぶ場合もあり）という言葉は一般的に広く使われていますが、心理学では「自分自身に対する態度・評価・信念」と定義したM・ローゼンバーグのself-esteemと理解するのが一般的です（Rosenberg, 1965）。自尊心は「自分と自分の対話」で成立する

もので、それは「自分を尊重する心」であり、「自己への確信」と解釈できます。自尊心の高い人には「自分なりの基準」が存在するので、他者との優劣比較に左右されません。

例えば、自尊心の高い人は「自分が理想とする自己」と「現実の自己」とのギャップがある場合、すなわち他者から自分の期待どおりの評価を得られない場合、ギャップを気にしない、あるいはギャップを埋めるために自己研鑽に励み、踏ん張ります。自分への「信念」がそうさせるのです。

一方、自尊心が低い人は、自分への確信がないので「他者評価」に依存します。自分が理想とする自分と他者からの評価のギャップを過剰に気にかけ、他者からの評価を得たいがために人を貶めることがたびたびあります。「周りに高く評価されたい」という願望が、「足引っぱっちゃえ」という悪魔のささやきに屈するのです。

他者に認められたい欲求＝承認欲求は、誰もが例外なく持ち合わせています。しかしながら、自尊心の低い人ほど承認欲求が強く、自分を低く評価する人には敵対心を抱く傾向が強まりがちです。また、自尊心の低さは「権威主義的性格傾向」と関連があるとする研究結果も報告されています。

つまり、ものすごく大雑把かつ乱暴に言えば、「他者評価を気にする人＋承認欲求の強い人＝権力が大好き！」というとてもわかりやすい公式が成立するのです。

「褒めて育てる」子育ての功罪

さて、と。ここからが問題です。

自尊心の形成には他者からの関わり方が強く影響し、とりわけ幼少期の親の関わり方が重要です。かつては「無視するより殴る方がまし」といった過激な意見が研究者から出るほど「関わること」が重視されました。

具体的には、「母親や父親が自分の友だちを知っているか、夕食時に家族の会話があるか、自分の意見に家族が耳を傾けてくれるか」などを一貫して経験し、子供が「パパやママは僕に関心を持っている」と確信を持つことで、自尊心は高められます。

早合点しないでほしいのは、「関心を持つ＝褒める」ではないってこと。「いいことはいい」と認め「悪いことは悪い」とたしなめる経験が、自尊心を育みます。褒めるだけだと、自己評価だけが拡大し、「自己過信」する子供になってしまうのです。

最近は「自己肯定感」という言葉が頻繁に使われ、「子供の自己肯定感を高めるには褒めて育ててください！」などといった似非《えせ》科学情報があふれていますが、自己肯定感も自尊心同様、褒めるだけでは高まりません。

自己肯定感では「どうやって叱るか？」が重要で、その際、共感と信頼を示すことが肝心です。

例えば、成績が悪かった子供を頭ごなしに叱ったりひたすら励ますのではなく、「あんなに頑張ったのに失敗しちゃったね」と、頑張りを評価（＝共感）したうえで、本人が失敗した原因を考えるように仕向ける（＝信頼）。自己肯定感は「いいところも悪いところも含め自分を好きになる感覚」であり、自分自身を受け入れること。Self-esteem を自己肯定感と訳して使っている専門家も一部いますが、私はＳＯＣの内的資源である「自己受容」と極めて近い感覚だと解釈しています（１６３ページ参照）。

おっさんをバカにする小ジジイはこうして誕生する

さて、自尊心、自己過信、自己肯定感、自己受容の関係性が理解できたところで、今の社会がどういう社会なのか？　を改めて考えてみましょう。

一言で言えば「称賛を賞賛する」社会です。

「子供は褒めて育てよ！」「部下は褒めて育てよ！」と、「豚もおだてりゃ木に登る」とばかりに、家庭で会社で、親子関係で、上司部下関係で、やたら滅多に「褒める」を賞賛します。そりゃあ、誰だって叱られるより褒められたいし、褒められた方がやる気が出るかもしれません。

しかしながら、人は自分のダメな部分を知ることで、成長します。「ダメな自分とステキな自分」の両方を受け入れ、「人は決して完璧でない」という真理を知ることで、「もっと学ぼう」「もっと大人になろう」「もっと成長したい」と自分の可能性に期待します。

「上司の評価にふてくされる若い社員を、私はいつまで〝よしよし〟となだめたり、自信を持たせるために盛り上げなきゃならないんでしょうか？」

これは若いリーダーを対象としたセミナーで受講者から出た相談ですが、会場は「うんうん！」と共感の渦でした。

私は褒めることは否定しませんが、褒めなくてもいいから「認めてあげる」だけで十分だと考えているのです。

褒める子育てを賞賛する現代社会は、自尊心や自己肯定感が低く他者評価に依存する子や、自己過信する若者を量産しかねません。

とりわけ「他者評価」があふれる情報化社会では、過剰に他者評価に反応し、自信喪失したり、他者に過剰な攻撃をする人がつくられます。前述した「社内評論家」の若者も、そのひとりです。

「他者評価を気にする人＋承認欲求の強い人＝権力が大好き！」

という公式は前述しましたが、

「自信家さん　＋『評価されない』と不満ばかり言う人　＋〝おっさん〟をディスる人」

の答えは？

——小ジジイ。そうです。ジジイ軍団の最下層の小ジジイです。

小ジジイはこれまで「課長クラス」に多く生息していましたが、「課長になれるのは7人に1人」と言われる時代に突入し、20～30代の一般社員まで生息域が広がりました。特に今の若い世代は……、あ、これ以上言うのはやめておきましょう。

いずれにせよ小ジジイは社内で影響力を持つ上司には最高の忠義を尽くしますが、影響力なき人をコケおろします。「ジジイ取りがジジイになる」という不都合な真実が、評論家社員を待ち受けているのです。

若者は「性格のいい上司」より「権力のある上司」を歓迎する

古くから組織心理学や産業心理学の分野では、「何が指導者の求心力を高めるのか？」という研究に力が注がれてきました。

初期の研究では、指導者の「資質」、すなわち「性格」や「人格」が強調されていました。ところが、性格と組織のモチベーションの関連性をいくつもの事例で検証しようにも、一向にプラスの影響が出ない。むしろ、マイナスになることもありました。

そこで「権力」という変数を投入したところ、「権力がある」とみなされている上司は、部下たちから話しかけられる頻度が高く、権力ある上司の言葉は部下に高い満足感をもたらし、組織の士気を高めることがわかりました。部下たちは「性格のいい上司」よりも「権力のある上司」の方を進んで受け入れていたのです。

一方、どんなに「性格」がよくても「権力がない」上司は、部下から「無能」とみなされていました。「あの上司は使えない」「うちの上司はバカ」などと批判され、部下たちの士気も低下するという、身も蓋もない真実が多くの心理実験や調査で明かされたのです。

では、そもそも何をもって人は「あの人は権力がある」とみなすのか？

高い地位や高い給料に加え、意思決定の権限や社内外でのネットワーク、情報の多さです。

それらの外的なリソースは「権力の象徴」であり、「人脈好きの部下」はある意味、権力への野心ある人とみなすことができます。

いずれにせよ「いい匂いがする人」に人は魅了されてしまうのです。人間には「権力に溺れる欲」もあれば、「権力にすり寄る欲」もある。「自分に何かをもたらしてくれるだろう」という期待が「権力者」にさらなる「権力」を与えるのです。

優秀な部下ほど「ハシゴ外し」をされる理由

しかしながら、どんなに部下が「権力ある上司」に心酔しようとも、有能というだけで相思相愛になれるとは限りません。

ジジイとかジジイでないに関わらず、上司とは常に、高いコミュニケーション能力を持つ部下、リーダーシップの潜在能力を発揮している部下に嫉妬しがちです。しかしながら、同じように嫉妬しても「部下の態度次第」で上司の態度も変わります。

ブリティッシュコロンビア大学のリンタオ・ユー准教授らが、企業に勤める社員を対象に行った調査によると、上司が「有能だが自分に冷淡」と感じる部下に嫉妬を覚えた場合、パワハラでプレッシャーをかけ、力技で自分に服従させる傾向が強まることがわかりました。

一方、上司が「有能で自分に友好的」と感じる部下に嫉妬した場合には、上司は自身のパフォーマンスを高める努力をしていたのです。

繰り返しますが、これはどんな「上司」にも認められる傾向です。しかしながら、上司が何をもって「アイツは自分に冷淡だ！」とか、「アイツは自分に友好的だなぁ」と認知するかはこの研究では明らかにされていません。

……ただし、〝ジジイ上司〟なら、よ〜くわかります。

ジジイにとって「冷淡な部下」とは自分に忖度をしない、自分をヨイショしない部下。「友好的な部下」とは忖度、ゴマすり、ヨイショのうまい部下。つまるところジジイにとって、有能かどうかはいっさい関係ないのです。

ジジイは「ハシゴ外し」という必殺技で「冷淡な部下」の足を引っぱり部下潰しに専念しますが、「友好的な部下」は子飼いにし、自分を守らせます。

類は友をよぶとでも言いましょうか。大ジジイに好かれるのは中ジジイであり、小ジジイです。ジジイ取りがジジイになり、強靭なジジイの壁に守られたジジイ王国が作られていくのであります！

第5章

ジジイの末路

権威が権威でなくなる日

2018年は大ジジイの当たり年だった

2018年は、各界の「大ジジイ」の愚行が暴かれた、ある意味激動の1年でした。財務省前事務次官のセクハラ騒動、日大アメフト部の前監督、日本ボクシング連盟の前会長、日本レスリング協会の前強化本部長、さらには日産自動車の前会長などの言動が日々注目を集め、まさに「ジジイの当たり年」です。

興味深かったのは、「大ジジイ」たちが実に人間臭かったこと。見ていて飽きないと言いますか、わかりやすいと言いますか。「しょーもないな、このジジイ」と呆れながらも目が離せないのです。ワイドショーがその他の重要事件をほったらかしで連日連夜〝大ジジイ祭り〟を続けたのも、彼らのキャラが実に濃く、数字を取れる存在だったからに他なりません。

権力（power）の働きがシステマティックに埋め込まれた会社組織では、権力者の言動は上司部下関係のみならず、関連する団体や組織や一般社会にも影響を与えます。と同時に、権力者は他者からの干渉を免れることが可能です。

とりわけ大組織ほど、意思決定の特権は一部の権力者に占有化され、大ジジイがどんなに愚かな振る舞いや決断をしようとも、周りはそれに黙従せざるをえない非対称の人間関係が生まれがちです。

前述した「大ジジイ」はいずれも、中ジジイや小ジジイ、さらには粘土層で固められた「ジジイの壁」の中で生きてきました。普通だったら「理性」や「謙虚さ」が重しになり人前にさらすことのない丸裸の欲望を、無節操に繰り返すのを許されてきた人たちです。

ですから、醜態を暴かれた大ジジイ本人には「俺の何が悪いのか？」がわからない。「丸裸にされた欲望」を制御するスイッチが麻痺しているので、一挙手一投足を捉えようとするテレビカメラに性懲りもなく醜態をさらし続けます。

この大ジジイの姿こそが、私たち誰もが内部に秘める「ジジイ的なモノ」。表面化していない自分の恥部に、嫌悪感と哀れみの感情があふれ、大ジジイのぶざまな姿に引き寄せられてしまうのです。

「絶対感」が権力者を大ジジイ道にいざなう

国や文化を超えて古くから受け入れられてきた「権力は人を堕落させる」という歴然たる信念は、一般の人々が、日常生活での経験をもとに構成された「しろうと理論」です。

そこで世界中の心理学者たちが、権力が人に及ぼす影響を科学的に実証しようと試みたところ、「人がしばしば自分でも気がつかないうちに権力の影響を受け、その影響力が極めて強力かつ広範囲にもたらさせる」という、呪いのような事実が明かされました。

つまり、大ジジイははなから悪人だったわけでも、身勝手な輩だったわけでもない。ただ、うっかりと、うかつにも権力で生じる「絶対感」に酔いしれたことで、堕落し、幼稚化し、組織を腐敗させたのです。

権力による「絶対感」は精神的かつ主観的感覚なので、高低のいかんは個人的要因に強く左右されます。「公益への貢献より私益を追求」する権力志向が強い人は絶対感を抱きやすく、「私益より公益の追求」を重んじる人は絶対感を抱きづらい。

しかしながら、両者は相反する志向性ではなく、むしろ共存する欲求であるため、どちらが優勢になるかはその個人の資質以上に組織風土や組織構造などの環境要因が影響します。

繰り返し書いているとおり、時代変われど日本の組織は「ウチ」と「タテ」。権力の独占が起こりやすい組織構造です。おまけに経済成長が鈍化し、先行きが不安定な現代社会では、どうしたって権力者への依存度が高まりがちです。

それが大ジジイの絶対感を助長し、ますますその権威にしがみつく中ジジイ、小ジジイ、粘土層の結束を強め、「ジジイ王国」は厚く、高く、果てしなく続く万里の長城のごとく巨大化します。〝大ジジイ〟の影響力が蜘蛛の巣のごとく張り巡らされた組織では、忖度と足の引っぱりあいが公然と繰り返されていくことは改めて言うまでもありません。

なぜ新リーダーは前任者と真逆に向かうのか

ひとたび「絶対感」がもたらす恍惚感を味わってしまうと、権力の呪いから抜け出すのは至難の業。次第に身勝手さはエスカレートし、無礼で、倫理的にもとる行動をとり、リスクの高いおバカな決断をするようになっていきます。

例えば、「約束の時間に遅れそうだからスピード違反でクルマを走らせる」という行為について、「絶対感の高い」グループと「絶対感が高くない」グループに分けて評価をさせたところ、絶対感の高いグループに属する人たちの多くが、「自分がスピード違反する行為」を「仕方がない」と回答。その半面、同じ行為を他者がやったときには、「法律に違反するなど許せない行為だ！」と厳しく非難しました。なんとも身勝手な話ですが、絶対感は「共感性」をはてしなく低下させてしまうのです。

また、絶対感は「情報を処理する能力を著しく短絡的にする」という困った思考メカニズムを強めることも、いくつかの研究によって明かされてきました。ジジイが属性で人を判断するのも、「個人」に関する情報が、属性で紐づけられたステレオタイプで簡単に処理されるからに他なりません。

大権力者の嵌まった陥穽《かんせい》

思考が短絡化した大ジジイは、理詰めで正しい答えを熟慮する過程を経ず自分の直感で物事を判断します。そのためどんなにリスクの高い決断でも、驚くほど楽観的！　絶対感は

「自分は極めて有能で特別な人材である」という自己イメージを増幅させるため、本人は「スッパらしい決断！　こんなことオレ様しかできねーぜ！」とマジで信じ込んでいるのです。

さらにしまつが悪いことに、絶対感の高い人は、自分の態度を決めあぐねているときほど、他者の助言や前任者のやってきたことと正反対の決断に走りやすいってこと。他国の大統領のお名前を失礼ながら拝借させていただくと、「トランプ化」していくのです。

そして、自分の決断に反するものは「フェイクニュース」と断罪し、一部の都合のいい情報だけをチェリーピッキングし、巧みに自己を正当化します。この一般ピープルには到底理解できないふてぶてしさこそが、絶対感がマックスに高まった「大ジジイ」の性癖なのです。

そういえば、カルロス・ゴーン氏はヴェルサイユ宮殿で結婚披露宴や自身の誕生会を行ったそうですが、フランス絶対王政の象徴的建造物であるヴェルサイユ宮殿で私的なパーティーをすることは、カルロス・ゴーンという人物が一企業のＣＥＯを遥かに超えた絶対的な存在であることを、世界に知らしめるための行動だったのでしょう。

また、拘置所から保釈されたとき作業着姿だったのは、ルイ・ナポレオン3世が脱獄する際に労働者から服を借りたのを真似た、という説もチラホラ。弁護士の方が「自分が計画した。彼の名声に泥を塗った」と謝罪しましたが、さてさて、真相はいかに。

ジジイの辞書に「ノー」はない

権力者がたびたび嘘をつくことを私たちは経験的に知っていますが、これも短絡的思考によるもので、いうなれば「嘘も方便」の拡大解釈です。しかしながら、大ジジイに群がる有象無象のジジイたちの辞書には「ノー」という文字がないので、彼らは決して「嘘つき!」と断じません。すると大ジジイは〝チーターズ・ハイ〟と呼ばれる「他人をだますことで得られる高揚感」に満たされ、ますます自信たっぷりに振る舞い、その豪快な態度に周りが魅了されるというパラドクスが生じます。困ったことに嘘つきほど、支配力を高めてしまうのです。

「記憶は川のように流れているもので、書き換えが可能で、全く信頼するに値しないものだ」とは、虚偽記憶で著名な、米国の心理学者、エリザベス・F・ロフタスの名言ですが、人は都合よく記憶を塗り替える。権力さえあれば嘘を１００回言わずともホントになる。私たちは「心」は自分のものだと信じてやみません。しかしながら、実際には他者に奪われる危うさを持っているのです。

権威というパワーの得体の知れなさ

「権力」と似た言葉に「権威」がありますが、権力が「人」に与えられるものであるのに対し、権威は「人」によってつくられる、得体の知れない曖昧なパワーです。「権力への野心」と「権力にすり寄る欲」が合致したとき「権威」が生まれます。

オワンクラゲの緑色蛍光タンパク質の発見でノーベル化学賞を受賞した下村脩博士が、「権威」に関する象徴的なエピソードを日本経済新聞の「私の履歴書」に書いていらっしゃいました。

1970年、アメリカの著名な女性研究者が「ホタルの発光に関する新説」を論文で発表。その研究者は自身が高名であるだけでなく、アメリカの研究資金の元締めである全米科学財団（NSF）所長の元夫人でした。

しかしながら、実験結果の解釈には明らかな間違いがあり、「研究者に間違いを悟ってもらいたい、自ら訂正してほしい」との願いを込めて、下村博士はホタルではなく、ウミホタルで同様の実験を行い、正しい解釈を示した論文を発表しました。

ところが、事態は思わぬ方向に発展します。

なんと女性研究者を支持する研究論文が続々と発表され、その中にはノーベル賞をもらうような著名な研究者も含まれていました。下村博士には厳しい批判とまなざしが向けられ、自説に基づく論文を著名な論文誌に投稿すると、「急いで掲載する必要はない」と掲載を見送られるなど、不当な扱いをされるようになってしまったのです。

下村博士への批判は7年も続いたといいます。「これは正面から相手の誤りを証明するしかない」と下村博士は決意し、女性研究者と同じ「ホタル」で実験結果を証明した論文を投稿しました。それにより、やっと、本当にやっと、不毛な論争にピリオドが打たれたそうです。

足を引っぱることで誰が得をしたのか

「真理を追求すべき科学の底に流れるどろどろとしたものを垣間見た思いだった」と下村博士が振り返るように、女性研究者の間違いは初歩的なミスだったにもかかわらず、ノーベル賞レベルの研究者までよってたかって下村博士の足を引っぱりました。

かなり衝撃的な事件ですが、この逸話は足を引っぱることのバカバカしさの物語でもあります。

だって、下村博士の正当性が認められたことで、女性研究者の権威は失墜し、女性研究者支持に回った研究者たちは大恥をかいた。面目丸つぶれです。極論すれば、足を引っぱることは〝大ジジイ〟を生かすことでしかない虚しい行為なのです。

権威というまやかしに決して流されないためには、「強い自己」を持つしかありません。正しいことは正しい、間違っていることは間違っていると言うことを恐れない自己への信念です。

どんなに権威ある人物でも、ミスはするし、嘘もつきます。絶対感がマックスになった大ジジイであればなおさらのこと。誑かしのプロの策略にはまってしまっては元も子もないのです。

真理を訴え続けた下村博士は、ノーベル化学賞受賞で「倍返し」しました。それを可能にしたのが博士の強い自己だと、私は確信しています。

組織の中で「自分がある」ということ

「強い自己」とは、「自分がある」とか「自分がない」という表現で使われる「自分」とほぼ同義で、自分が所属する集団との関係性で成立する概念です。精神分析家の土居健郎先生は、「甘え」が日本社会の人間関係の基本軸となっていることを指摘した著書『「甘え」の構造』（弘文堂）の中で、「自分がない」ことについて次のように説明しています。

「もし、個人が集団の中にすっかり埋没していれば、その個人に自分はない。しかし集団の中にすっかり埋没しているところまでいかなくても、したがって個人が集団の中にある自己を自覚し、場合によっては集団の利害と一致できない自己を苦痛を以て認める場合でも、もし集団の物理的強制の結果としてではなく、むしろ集団に所属したいという自らの願望が苦痛より優っている故に、苦痛を押し殺して、あるいはまた、結局それと同じことであるが、集団に対する忠誠心の故に、集団と対立する自己を主張しないとするならば、やはりこの場合もその個人に自分はないといわなければならない」（『「甘え」の構造』p217）

周りと合わせることを美徳とする日本社会では「自分がない」状態に陥りがちです。つまるところ、「自分がある」という感覚は、所属する集団のメンバーに否定されることのない自分を保持できる場合のみ可能です。

『「甘え」の構造』がベストセラーになった1971年から半世紀近く経っても、「自分がない」「自分がある」という言葉が日常的に使われるのは、人々の付き合い方の基本的部分が変わりづらいことの証しでもあります。これだけ多様性だのなんだの言うわりには、日本社会は集団のルールから逸脱する人を許しません。その半面、「集団のルールを軽んじること＝自分らしさ」と勘違いする幼稚な輩も増えてきました。

人に迷惑をかけてでも、人を傷つけてでも、自分の思ったとおりに行動することは「自分がある」と考えるバカッタレです。

強い自己を持つ人はＳＯＣが高い

「強い自己」はＳＯＣを理解するうえで極めて重要な概念なので、もうちょっとだけ説明させてください。ＳＯＣの高い人とフェイクＳＯＣの違いは、精神科医で自己心理学の提唱者のハインツ・コフート氏の「自己」と「アイデンティティ」の定義と考察でも説明が可能です。

コフートは自己を「精神（mind）の内部の構造であり、基本的にはある種の統一感や過去との連続性を持つ人格の基礎的な層に関することである」とする一方で、アイデンティティを「社会的、あるいは社会文化的な発達の中で獲得される自己感覚」と定義し、エリクソンのアイデンティティとの違いを強調。そして、その関係性を次のように考察しました。

「強い自己は、しっかりとしたアイデンティティを可能する。しかし、強い自己は明確なアイデンティティに依存しているわけではない。外的な作用により自己を不適切にアイデンティティが表すようになると、それをあきらめ、別のアイデンティティを定める強さを持っている」（by コフート）

アントノフスキー博士はこれを受けて、「強い自己としっかりしたアイデンティティを持っている人は、われわれの用語で言えば、ＳＯＣの高い人である。しっかりとしたアイデンティティを持ちながらも自己の弱い人は、自分を苦しめている苦しい不安をしずめるために、融通の利かない方法で既存のアイデンティティに執着するであろう。そのような人はフェイクＳＯＣを持っていることになり、強いＳＯＣと明確に分ける必要がある」と説明しました（『健康の謎を解く——ストレス対処と健康保持のメカニズム』有信堂高文社）。

環境と共存する人と環境に依存する人の違い

わかりやすく図で説明しましょう（１６１ページ）。

「自己」は「私」の中核にあるものだと考えてください。

社会的動物である人間は例外なく、自分を取り囲む社会（＝自分世界）の中で生きていま す。どんなに「俺は一匹狼だぜ」と豪語している人でも、ひとりきりで生きているわけでは ありません。

少々ややこしい話ですが、「私」の概念図に示したとおり、「私」は「私」だけじゃない他者からの外的な影響を受けながら「私」がつくられます。家庭環境、職場環境などに存在する有形無形の環境要因が複雑に絡み合いながら「私」はつくられています。その環境＝社会の中で、「これが私だ！」と思える感覚が持てた状態が、アイデンティティの確立です。

「強い自己」を持つ人は、自己と外的な影響の相互作用で「私」がつくられます。強い自己を持つ人は、自分を取り囲む環境と共存はしますが、環境に依存はしません。強い自己を持つ人は自分が置かれた環境で、自分の社会的役割を全うするために自己を磨き続ける一方で、周りにも影響を及ぼしつつ、アイデンティティを確立することが可能です。つまり、「環境で変わる」だけでなく、「環境を変える」ことができるたくましさを持っているのです。

一方、「自己が弱い」人は外的な影響をもろに受け、環境に依存します。「自分がない」状

「権力」は強さよりも弱さに根ざしている

「私」の概念図

「自己」と「自分世界」の関係

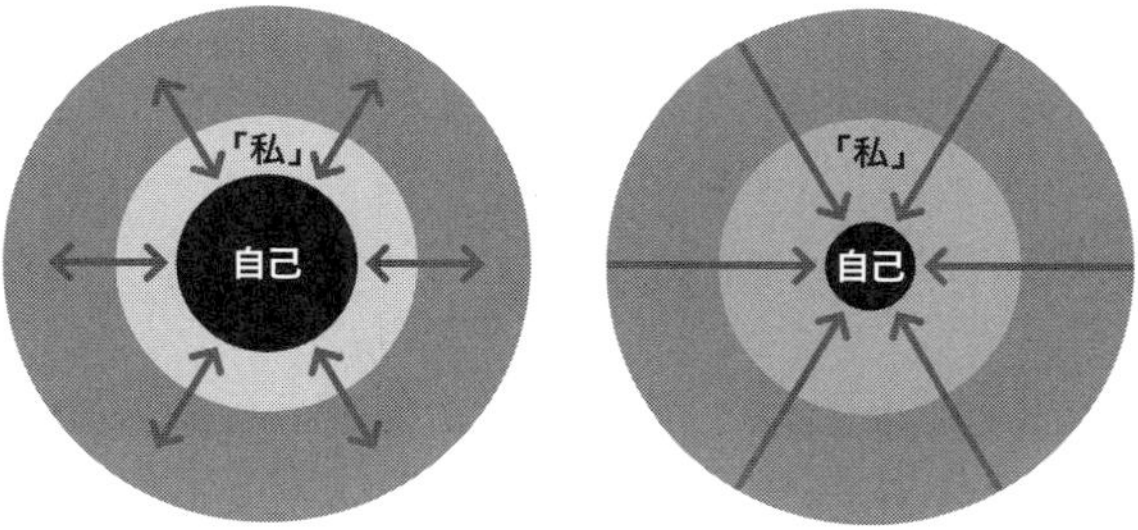

「強い自己」　　「弱い自己」

態です。弱い自己の人は周りに〝虎〟がいれば虎への依存度を高め、自分が運よく権力を手に入れれば権力に依存します。権力は社会的な立場と密接に関係しているので、「権力ある自分が私だ！」というアイデンティティを確立すると、その立場に依存し執着します。権力は強さではなく、弱さに根ざしているのです。

私たちは常に「自分を取り囲む環境」の中で、それぞれの社会的役割を演じています。新人らしく、学生らしく、上司らしく、部下らしく、先生らしく、父親らしく、母親らしく、年長者らしく、「〇〇会社」の会社員らしく、「××大学」の学生らしく、日本人らしく……etc。「演じる＝悪」というイメージを持つ人がいますが、私たちの一生は演じることの連続です。それぞれの役割を「らしく」演じることで、それまで自分の内面になかった感情や考え方、道徳的価値観などが生まれます。それが、成長であり、成熟です。

しかし、そういった「役割」の中でも「自分らしくいたい」と私たちは考える。そのためには「自己」を磨き、自己と他者を分離するのではなく、逆につながりを強化し、「納得できる自己」に近づくために精進するしかないのです。

強い自己と「意志力」

では、「強い自己」とは具体的に何をさすのでしょうか。

私は「意志力（Grit）」だと考えています。

意志力にはさまざまな解釈がありますが、私がさす「意志力」は「自分がどうありたいか？」といった仕事上の、いや、人生上の価値観です。

「意志力」は例外なく誰もが持っていますが、大きな川にうまいこと流され続けていると忘れがちです。逆に、何か大きな壁にぶつかったとき、壁があるからこそ「こうありたい自分」が掘り起こされる場合もあります。

- 自己受容（＝自分を積極的に受け入れることができる）
- 自律性（＝自分の行動や考え方を自己決定できる）
- 人格的成長（＝自分の可能性を信じることができる）
- 人生における目的（＝どんな人生を送りたいかはっきりしている）

- 環境制御（＝どんな環境でもなんとかやっていけるという確信）
- 積極的な他者関係（＝あたたかく信頼できる人間関係を築いているという確信）

これらはSOC理論の内的資源として私が重要視する6つの認知的資源ですが、意志力はこれらを高め、逆境を乗り越えるエネルギーを引き出します。意志力は「誠実さや勇気、謙虚さや忍耐といった人格の土台」を強化します。

意志力が明確であればあるほど、人は自分だけでは生きていけないと思い知る。人の力を得るには、自分自身が選ばれる人になる必要がある。そう学ぶのです。

10年間で30社を渡り歩いた、ある会社員の軌跡

私はフィールドインタビューの最後に、「あなたにとって仕事とは何ですか？」と必ず聞いているのですが、インタビュー協力者約700人の700通りの答えの中でハッとさせられたのが、40代の男性会社員、シバタさん（仮名）の答えです。

シバタさんは私の質問を何度も自問するようにしばらく考え、きっぱりとこう言いまし

た。

「仕事は修行です」——。

私は「修行」という言葉が出るとは微塵も考えていなかったので驚き、その真意を尋ねました。

すると彼は、「会社の中で認められるには、スキルを高め仕事をするしかない。でも、会社が変わればそのスキルは一切役に立たない。イチからスタートするしかないのだ」と。

シバタさんは都内の有名私立大学を卒業後、外資系のＩＴ企業に就職。自分さえ頑張れば会社はどんどんとチャンスをくれ、やりたいことが次々にでき、お給料も高く、人生はまさにバラ色でした。ところが、人生はときに予想外の試練を与えます。なんとご両親が突然離婚し、時を同じくして妻から「別れたい」と言われ、プライベートがぐちゃぐちゃになってしまったのです。

でも、会社に行けば余計なことを考えずにすむので、彼はそれまで以上にハードワークをこなし、そこで達成感と自分の存在意義を確認することで、なんとか「息」を保っていました。そんなシバタさんに変化が訪れます。

ある日、いつもどおり会社で資料に目を通していたのですが、全く内容が入ってこない。そこに書かれている「文字」すら認識できない。明らかに「尋常ではない自分」に気がつきました。

そこで彼は精神科を受診。医師が下した病名は「うつ」。家庭でのストレスと会社でのハードワークで、心が悲鳴をあげていたのです。

幸い彼の会社ではメンタル不全者をケアする制度が整っていたため、半年間休職したのち、医師のサポートを得ながら復職。会社側の受け入れ態勢も万全で、一般的には難しいとされる復職に成功しました。

ところが、人生はさらなる試練を彼に与えます。なんとリーマンショックの影響で、会社が大規模なリストラを行うことになってしまったのです。まだ完全にメンタルが改善しない中でのリストラ劇。「もう、俺の息を止めてくれ、ということ以外、何も考えることができない状態」に彼は追い込まれます。しかし、シバタさんは独り身になった母と同居し、生計を担っていました。とにかく稼がなくてはいけないので、雇ってくれる会社を転々としました。その数は10年間で30社にものぼったといいます。

「とにかくすべてがうまくいかなかった。うまくいい会社に入れても、朝起きれなくなってしまったり、仕事中ミスを繰り返してしまったり、メンタルが改善しないので医師に対して疑心暗鬼になったり。……生活保護を受けていた時期もあるんです。それまで普通に働いていた人間が生活保護を申請するのは、想像以上にしんどい選択でした。

そんなときにうつ病は障害者手帳をもらえることを知り、医師に相談しました。そしたら医師も、賃金は下がるかもしれないけど、障害者雇用枠で入った方が安定して働けるからと賛成してくれて。それでやっと安定した仕事に就けるようになったんです。

でも、障害者枠って補助金目当てで設けている会社もあるので、そういう会社の賃金は最低レベルで、仕事も与えられません。今、3社目でやっとそれなりに満足できる職場にたどり着きました。今も母と暮らし、転職を繰り返していた10年間の間に今の彼女とも出会いました。

それまであまり意識していなかったのですが、河合さんに当時のことを告白してみると、母とは決して仲のいい母子ではなかったけど、今はいい戦友です。彼女ともなんやかんや言いながら7年も付き合っています。そうやって戦友を増やし、なんとか生かし生かされてるのかなとぼんやり思います」

「年だから」「時代が悪いから」を決して言わない人

シバタさんは普通に学校を卒業し、普通に企業に就職した、どこにでもいる会社員でした。そして、今もどこからみても普通の会社員です。でも、彼の経験は想像を絶するものでした。

私は彼の話を聞き、彼のSOCの高さを痛感せずにいられなかった。と同時に、彼には強い意志力があると確信しました。だって、彼はどんな状況になろうとも「職探し」を続けていたのです。

彼はそこに「心はなかった」と言います。ただただ、動いていただけだった、と。それでも彼は「動き」を止めなかった。

「息の根を止めてくれ」ということ以外何も考えることができなかったときも、生活保護を受けていたときも、「職探しをする」という行動だけは続けていました。

ついつい私たちは、思いどおりにならない事態に遭遇すると、都合のいい言い訳を見つけようとしがちです。「もう年だから」とか、「こんな会社だから」「時代が悪いから」とエックスキューズをつけ、ただただ天を仰ぐ。

実際には、自分自身が動き続けることをやめただけ。自分が足を止めてしまっただけ。自分自身が「選択の自由」を放棄しただけにすぎません。

個人的な話で申し訳ないのですが、私は紛れもなく女だし、男になりたいと思ったことも一度もありません。でも、周りから「女だから」と制限をつけられてしまうことはありました。私はそれを言い訳にはしたくなかった。なので、どこから、誰から突っ込まれても、負けないような土台を必死でつくってきました。その土台をもっともっと頑丈なものにするために、今なお前に進む努力をしているつもりです。

おそらくそれが私の選択であり、私の「意志力」がそうさせていると信じてやみません。

意志力は「心」に宿りますが、意志力は「体」を動かし続ける原動力です。つまるところ、SOCが高い人はいかなる困難な状況に遭遇しても「動く」ことができる人。そして、動くことにより「選択する自由」が生まれるのです。

「人生捨てたもんじゃない」と思うことのできる力

「メイド・イン・ジャパン」で世界を驚かせ続けた「ニッポンのオジさん」たちは元気で、バブル世代の若造たちも「24時間働けますか？」と「自己実現」を合言葉に、ひたすら前を向いていました。

時を同じくして日本で始まったのが、ストレス研究です。欧米では1970年代からでしたから、日本がいかに遅れていたかがおわかりいただけると思います。

では、なぜ、日本は「ストレス研究後進国」になったのか？

答えはシンプル。必要なかった。いつの時代も、医療社会学も含めた社会学研究は常に社会の後追いなのです。

日本の職場はストレス研究が必要ないくらい、人間の摂理に合致したいくつもの大切な制度を有し、人が秘める能力を最大限に引き出す「理想郷」でした。バブル崩壊以降、諸悪の根源のごとく言われるようになった終身雇用（長期雇用）と年功制は、SOCを高める大きな役目を果たしていました。

SOCは「Sense Of Coherence」。日本語では「首尾一貫感覚」。文字通り解釈すれば、自分が生きている世界はコヒアラント（coherent）である、つまり、筋が通っている、腑に落ちる感覚です。

とても難解に感じるかもしれませんが、私たちは幼いときから自分の生活世界を、自分の好みに応じて選択しています。「お人形さんが好き。ニンジンは嫌い。サクラちゃんが好き。勉強は嫌いだけど、ピアノは好き」「車が好き。ピーマンが嫌い。お兄ちゃんが好き。サッカーが好き」といった具合です。

しかしながら、年齢を重ねるにつれ自分世界が広がるとともに、複雑さを増し、さまざまな矛盾が生じ、自分の好みとは全く相容れない世界を余儀なくされます。そんなときに「人生思いどおりにいかないけれども、捨てたもんじゃない」と人生のつじつまを合わせられる感覚を持てれば、人生に悲観せずに前向きに生きることができる。この感覚こそがSOCで、これは自分の生活世界全般への姿勢であり、態度です。

終身雇用と年功制はSOC形成に大きく影響していた

SOCは3つの感覚で構成されます。

1つ目は「自分が置かれている、あるいは置かれるであろう状況がある程度予測でき、あるいは理解できる」という把握可能感、2つ目は「なんとかなる、なんとかやっていける」という処理可能感、3つ目は「遭遇した困難への対処のしがいも含め、日々の営みにやりがいや生きる意味が感じられる」という有意味感です。

また、前書『他人をバカにしたがる男たち』で書いたとおり、幼少期には子供にとっていちばん大切で身近な存在である「親（あるいは親に相当する大人）」と、社会に出てからは「会社」あるいは「社会」との、一貫した関係性でSOCの基本部分が形成（shape）され、ストレス対処を通じて強化（strengthen）されます。その土台となるのが「あなたは大切な人です」というメッセージです。

子は親から、社員は会社や社会から、「大切にされている」というメッセージを肌で感じたとき、「私の生きている自分世界は信頼できる。信頼できる人たちに囲まれている」と確信し、「人生思いどおりにいかないけれども、捨てたもんじゃない」と人生のつじつま合わせをします。

このＳＯＣの形成に、「終身雇用（長期雇用）＝今日と同じ明日がある」と「年功制＝コツコツ頑張れば報われる」という、職務保証が強く影響していたのです。

50代でもまだまだ半分な時代をどう生きるか

「自分世界」は一方通行ではなく、相互関係で成立しています。高いＳＯＣを育む質のいい環境はＳＯＣを高めますが、個人が「強い自己」を育むことを怠れば、ＳＯＣはフェイク化します。フェイク化した大ジジイの末路は実にぶざまです。それ以上に悲惨なのが「大した特権もない」「中身もない＝自分もない」粘土層です。

大ジジイが手に入れた既得権益は絶大なので、権力の座を追われても、しぶとく、まるでゾンビのように生き返ります。一方、顔色うかがいの中ジジイや小ジジイ、ジジイの壁に張り付く粘土層は、大した既得権益を持っていないので、寄生していた大ジジイが失墜すれば、アイデンティティ喪失の危機、生活を維持する危機、妻に見放される危機など、さまざまな危機にさらされます。

私たちが今生きているのは、過去の成功モデルが一切役に立たない、世界中で誰も経験したことがない長寿社会です。刻々と変化する自分世界に対処できるだけの「強い自己」を確立しないと、正直、ヤバイです。他人の足を引っぱって、大ジジイに加担している場合じゃないのです。

しかしながら、逆の見方をすれば、「強い自己」を持てれば倍返しできる。

人生１００年時代では50代になってもまだまだ半分。「変化」を恐れず、うまく対処できれば、もっともっとやりたいことができる。そんな可能性に満ちた時代に、私たちは生きているのです。

第6章

最高に自由な後半生のために

ジジイからの逃走

SOCの高い人は、メンタルが低下しにくい

SOCは「ストレス対処力」と訳されることもあり、SOCの高い人はストレスをコントロールするのがうまく、長時間労働や心理的プレッシャーが心身に与える影響を和らげます。

情報産業で働く人を対象にした調査でも、SOCの高い群では労働時間が長くなってもうつ傾向を示す割合が低く、高齢者を対象にしたものでは、ストレスフルなイベント（＝大切な人の死、病気になるなど）を経験してもメンタルが低下しにくいことが確かめられました（著者らの研究グループによる）。

しかしながら、SOCは「ストレスを対処する力」だけにとどまりません。むしろSOCの効力が発揮されるのは「ここから」です。SOCの高い人は「ストレスを成長の糧」にし、豊かな人生をつくり上げることが可能です。

アントノフスキー博士が「人生上にあまねく存在するストレスにいかなる対処法を用いるかは、柔軟に対応すべきである。ときには他人に依存するもよし、ときには逃げるが勝ちと

いうこともある」と説き、それまで他人に頼ることを「依存する自己」として否定していた考え方や、「逃避はストレスの対処法にはならない」とした見方に一石を投じた理由が、ここにあります。

では、なぜアントノフスキーはそう考えたのか？

そもそも、なぜ、私はジジイ化だの、足を引っぱるだのに、ＳＯＣ理論を引き合いに出しているのか？ 「ストレス対処力」と「意志力」にどんな関係があるのか？ 「ストレスを成長の糧にする」とはどういうことなのか？

これらのテクストをリアルストーリーで教えてくれたのが、フセさん（仮名）45歳です。某新聞社の記者だった彼は数時間後に迫る締め切りを前に、突如、逃げ出してしまったのです。

「もう、無理です」 仕事を放り出して逃げた男の末路

「当時のことを冷静に思い出してみると、逃げる数年前から、オーバーワークになっていた

ように思います。昔は上司からせき立てられながらも、締め切りギリギリまで記事を書いて仕上げるのが快感でした。追い詰められれば追い詰められるほど、アドレナリンが出る。締め切り間際に原稿を上げたときの達成感と解放感がたまらなく好きでした。

ところが、あるときから締め切りが恐怖に変わりました。

若いときは自分1人で取材をして原稿を書くだけでしたが、年齢が上がると責任者として若い記者たちに仕事を割り振ったり、全体像を考えながら記事をまとめたりしなくてはならない。私はそれがうまくできなかった。部下を扱うのも下手だったし、直属の上司ともウマが合わなかった。結局、自分の力量が足りなかったんです。

あの日も締め切り時間が刻々と迫る中、パソコンに向かって必死に原稿をまとめようとしていたんですが、頭が真っ白になってしまって。『もう、私にはできません。無理です』と上司に言い放って、逃げ出していました。気がついたときには自宅に向かう電車の中でした。

取り返しのつかないことをしてしまったけど、もう、どうすることもできない。鳴り続ける電話に出るのも、怖くてできませんでした。半面、逃げたことが信じられないわけです。夢なんじゃないかって。それで病院に行きました。どう考えても、自分が正常とは思えませんでしたから。

ところが、簡単な問診のあとドクターに、『どんな病名が欲しいですか？』って言われたんです。『とりあえず、1週間分の睡眠導入剤を処方します。ぐっすり寝て、それでもやっぱりおかしいと思ったら、もう一度来なさい。それからでも遅くないですから』って。一瞬、何を言われているのか理解できなかったんですけど、なんか急に肩の力が抜けてね。俺、何やってんだろう、って。

それで上司に電話をかけ、辞表を書いて会社に行きました。そのときに上司から、『追い詰められている状況に気づかなくて、申し訳なかった』と謝られて、ハッとしました。僕自身が、上司や部下たちとの間に壁をつくっていたんだって。

みんなにさんざん迷惑をかけておいて勝手な言い草ですけど、あのときに逃げなかったら、一生自分と向き合うことができなかった。逃げることが、私には必要だったんです。

今、勤めている会社は小さな出版社です。契約社員ですし、収入は激減しました。でも、これが、今の自分の市場価値です。あとは頑張るしかない。一所懸命やるしかないと思っています」

SOC理論は人間臭さを肯定する

社会の基準に照らせば、締め切り間際に逃げるなんて、社会人としてあるまじき行為です。〝逃げた〟現場に残された人たちは、「社会人失格」「勝手、無責任、ふざけるな！」「逃げる前にどうにかしろよ」「逃げたかったのはこっちの方だよ」と文句の一つや二つ、ぶつけたくなるに違いありません。

それでもやはりフセさんは逃げた。そして、フセさんには「逃げる」ことが必要でした。常に不完全な生き物である「人」は、過ちを犯すこともあれば、他人に迷惑をかけたり、ひどいことをしてしまったり、足を引っぱってしまうこともあります。「強くなれ！」と言われたところで、誰もが強くなれるわけじゃない。「恐れるな！」と言われたところで、恐れがなくなるわけでもない。「ひとりで抱え込むな」と諭されても、それができないから抱え込む。だって「人間だもの」。人は正論では生きていけないのです。だからこそ、悩み、傷つき、もがきます。

その人間臭さを肯定するのがＳＯＣ理論であり、私がこの理論に魅了された理由です。

ＳＯＣ理論では、「逃げる」という選択ができる人は、ある意味ＳＯＣの高い人。その場から逃げるという行為は、ＳＯＣの高い人が持つ先見性、合理性、柔軟性のある態度によって選択された行動とみなすことができます。

とはいえ、前述したとおり、ＳＯＣの効力が発揮されるのは、むしろ「ここから」です。フセさんは、そのまま逃げ続けることもできたのに、それをしませんでした。逃げたことを誰のせいにするわけでもなく、その混乱のさなか病院に行き、上司に電話をし、会社に行き、具体的に動きました。彼の「意志力」がそうさせたのです。

具体的に動くからこそ、物事の真理がわかり、人は自分の未熟さを痛感します。痛い思いをしないと気づかないこともあるし、すべてを失って大切なものがわかったり、自分と向き合えたりもします。ＳＯＣの高い人は、状況が厳しければ厳しいほど、自己と他者を分離せず逆につながりを強くし、自分の弱さを認め、自分に足りないものを知り、成熟するのです。

大手新聞社の正社員から小さい出版社の契約社員になったフセさんを、世間は負け組と小バカにするかもしれません。でも、彼はそんなまなざしに屈することなく、ありのままを受け入れ、再び歩いています。

自分の価値判断軸を持てない人が、他人の足を引っぱる

ＳＯＣをもう少し理解していただくために、ここで少しばかり個人的な話をさせてください。

実は私は今、この原稿を書きながら「逃げたい」という衝動にかられています。頭の中では書くことは決まっているし、書ける、と思っているのですが、なかなかうまく書けない。頭の中では大傑作を思いついているのに、「これも違う、これでもない」と、手が綴る言葉と考えていた内容がうまく合致しないジレンマに喘いでいます。ひたすら時間だけが過ぎ、極度のプレッシャーと、「自分の限界ではないか」「私には能力が足りないのではないか」と

いう自己嫌悪に襲われています。

でも、私は逃げません。一文字でも、二文字でも、綴らなきゃと必死で耐えています。絶対に逃げません。

なぜなら、私には「これはやらなければならない仕事である」という信念＝意志力と、「この困難を乗り越えることには意味がある」という確信＝有意味感があるからです。理屈じゃないのです。誰の判断でもありません。私の経験から生まれる「人生の価値判断」が、「逃げない」という選択をさせるのです。

フリーで仕事をしていると、仕事の一つひとつが「次の仕事への営業活動」なので、常に120％の仕事をしなくてはなりません。もちろん自分では120％やったつもりでも、期待どおりに評価されるとは限りません。また、やりたいとかやりたくないとか関係なく、仕事は「生活するお金を稼ぐ手段」という生々しさもあります。

しかしながら、ジタバタもがき苦しみながらも、「ここは踏ん張らなくてはならない」という壁にぶつかるときがあります。

頻度にしたら10回に1回くらいでしょうか。9対1の割合です。

それがまさに「今」です。

そして、私は心のどこかで、ひっそりと「この仕事をちゃんとやり遂げられるに違いない」と考えています。「今」の状況に混乱しながらも、「今までだってそうやって乗り越えてきたじゃないか」と語りかける、もう一人の自分がいます。

これまでも何度か、「ああ、もうダメだ！」と白旗をあげそうになりました。でも、周りの人たちの〝傘〟を借りながらなんとかやり終えてきました。「いいものをつくろう！」と一緒に闘ってくれた信頼できる編集者が私にはいましたし、追い詰められている私を心配してくれる家族や大切な人がいました。私の稚拙な本やコラムを読んで、「ありがとう。元気でました！」とメッセージをくれた読者が、たった一人でもいてくれたおかげで、「人生思いどおりにいかないけれど、捨てたもんじゃない」ということを学びました。

ＳＯＣの概念が捉えているのは短距離走ではなく、長距離の障害物競走。あるときは転んだり、コースから外れたり、いじわるな人に足を引っかけられることもあるかもしれない。みんなに追い越され、ビリけつになっているかもしれない。それでも「頑張れ！」と応援してくれたり、一緒に走ってくれたり、休憩場所を与えてくれる人がいれば、きちんと笑顔でゴールできるエネルギーを人は秘めています。その力を信じるか、否か？　それを決めるのが、自分の価値判断です。

つまるところ、自分の価値判断軸を持てない人が他人の足を引っぱり、自分の価値を上げようとする。うまくいっている人を見ると、誰だって羨ましく思うし、ちょっとだけ焦ります。でも、そういう人だって転ぶときがある。ビリけつになったことだってあるかもしれない。人間の能力なんてそんなに変わらないのです。10回のうちたった1回でいいから歯を食いしばって乗り越えれば、自分が何に焦っていたのかさえ忘れてしまいます。

発達心理学者のロバート・キーガン氏は「勇気ある行動とは、恐怖に打ち勝って踏み出す行動のこと」と説きます。大切なのは自分が望んだように生きること。その方がずっと満足できる人生になると私は信じています。

3月11日の星空が特に美しかった理由

東日本大震災が東北地方を襲った直後、仙台市天文台に、ある問い合わせが殺到しました。

「3月11日の夜の星空は、なぜ、あんなにキレイだったのか？」——。

津波でたくさんの命が奪われ、絶望と恐怖と寒さで震える中、たくさんの人たちが満天の夜空を見上げていました。ある人は1人取り残された屋根の上で夜空を見上げ、ある人は救急隊に運ばれるストレッチャーの上で空を見上げ、ある人は家族が目の前で流され悲嘆にくれる中で空を見上げ……、

「あんなキレイな星空を見たのは初めてだった。『俺たちの分も頑張れ！』って。流された人たちが、星となって被災地を照らしてくれてるんだって思いました」——。

そう語りかける光り輝く星たちに、つかの間の安らぎと、勇気をもらったそうです。

人生はときに、自分では止めることも、避けることもできない、残酷な試練を人に与えます。何の悪事を働いたわけでも、誰を傷つけたわけでもないのに、日常が壊され、絶望の底に落とされる。それでも、人は笑顔を取り戻す強さと、絶望を乗り越える力を持っています。暗闇の中で一筋の「光」を見出すしなやかさを持っています。それを引き出すのが「人

とのつながり」であり、「社会との関わり」であり、「命の尊さ」です。

被災した人たちは、星空に「自分の大切な人」を見ました。星を見上げた人たちは「境界(boundaries)」の中にある価値あるものとつながることで、「生きなければならない」と自分に言い聞かせたのです。

【家族・仕事・健康】という3つの要因

「境界」とは「人生においてその人が主観的に重要と考える領域」のことで、アントノフスキー博士が1979年にSOC理論を提唱したあと、SOCの高い人とフェイクSOCの違いを解明するために行った深層面接調査で明らかになった概念です。

平たく言えば「自分世界を支えている大切なもの」で、境界に何が含まれるかは人それぞれです。しかしながらその境界内に「身近な人とのつながり（＝家族・友人）、社会との関わり（＝仕事・ボランティア）、生命の尊さ（＝健康）」の3つの要因を含むことが、高いSOCを維持するうえで極めて重要なことがわかりました。

SOCの高い人は、境界内の自分を支えているものを慈しみ、感謝し、それを守るために、遭遇した困難や苦悩を乗り越えようと最善を尽くします。逆説的に言えば、境界内にこの3つが内在しない限り、生きる力は引き出されません。

東日本大震災から半年が過ぎた2011年9月。NHKは「被災3県（岩手、宮城、福島）」と「全国（被災3県以外）」の人を対象に、震災半年後の意識調査を行いました。調査では、復興に関することや政府の対応、今後必要な支援など多岐にわたり聞いているのですが、被災3県と全国との「意識の差」が浮き彫りになったのが、「人」に関する項目でした。

「震災の前と比べて、人との『つながり』や『きずな』についての考え方に変化がありましたか？」との問いに、「大切だと思うようになった」と回答したのは、被災3県で70・6％と、全国の57・3％を大きく上回りました。「人が生きていくうえで大切だと思うことは？」との問いでは、「人と助け合うこと」と回答した人が、被災3県では61・8％だったのに対し、全国では54・1％でした。悲しいかな、人は厳しい局面に遭遇しない限り、ホントに大切なものがわからない。見慣れた風景、繰り返される日常の中にこそ、自分を支えているものが存在します。

思い起こせば震災直後、陸前高田市の戸羽太市長はご自身の奥様が行方不明にもかかわらず、被災者のために動き回っていました。大切な家族への思いや悲しみ、不安な気持ちをこらえ、個人よりも、陸前高田市の「市長」であることを優先させていました。物資が届けてもらえない現状を、日々、マスコミで訴え続けた福島県南相馬市の桜井勝延市長（当時）、町民１８００人とともに避難した福島県双葉町の井戸川克隆町長（当時）も、ご自身が被災者であるにもかかわらず、「リーダー」という役割に身を徹し住民のために闘っていました。

それが「やらなければならない仕事」であり「自分にしかできない仕事だ」と確信したからだと、私は考えています。状況が厳しければ厳しいほど、誰もが自分ができることを探し、互いに依存しあいながらも、それぞれが自立して動きます。他者と協働することで生き残ってきた人類の歴史が、私たちの深部に刷り込まれているのです。

あなたのパフォーマンスは「同僚との関係性」に支えられている

おカネに換算できない無形のリソースは、私たちが生きるすべての局面で、私たちを支えています。しかしながら、人間とは実に勝手な生き物で、おカネに換算できないこの無形の価値あるものをおろそかにしがちです。

私たちは、温かい家族や友人、仕事や生活に必要なスキルや知識、肉体的・精神的な健康が、自分世界にある人生を送りたいと願いつつ、目の前の「見えるもの」に心奪われ、やがて「大切なもの」を失ったときにはじめて、自分がそれに支えられていたことに気づき、呆然とします。

「人の心はおカネで買える」と言う人が世の中にはいますが、損得勘定で結びついた関係ほどもろいものはありません。カネの切れ目が縁の切れ目。カネがなくなりゃ一緒にいる価値もなくなるのです。無形のリソースには「時間」の投資が欠かせません。つながりも、知識も、健康も、時間を費やし、積み重ねていくことで、自分の「資産」となっていきます。一朝一夕に手に入れることなど、スーパーマンだろうと、鉄人28号だろうとできるわけがないのです。

そして、境界内の大切なものすべてが、例外なく「人とのつながり」を土台とした上に存立し、人生を豊かにしていることを、「見えるもの」にとらわれた心は知覚できません。自分の知識や能力だと信じているものでさえ他者が深く関係しているにもかかわらず、です。

ハーバード・ビジネススクールのボリス・グロイスバーグらが、ウォール街の投資銀行で働く1000人以上のアナリストを対象にした調査で、個人のパフォーマンスは個人の能力ではなく、「同僚との関係性」に支えられていることがわかりました。職場のメンバー同士が信頼し、お互い敬意を払っている環境で働いている人は、成績が極めて高く、職場の〝スーパースター〟でした。

ところが、その腕を買われ、転職した途端、星の輝きは瞬く間に消え、ただの人に成り下がりました。〝つながる〟とは「共感」であり、「信頼」をつなぐこと。そのためには〝共に過ごし、相互依存関係を構築し、重要な情報やスキルを共有する。互いに刺激しあうことで自分の能力も引き出されていくのです。

人を健康にするのは温かな人間関係

念のため断っておきますが、私は「カネを稼ぐ暇があったら、友達をつくれ！」と言っているわけではありません。誰だってたくさん稼ぎたいし、たくさんおカネがあった方が安心します。無形のリソース獲得に「時間」が必要不可欠である以上、その時間に投資するおカネも必要です。会社員が抱える将来不安のひとつに「おカネ」があることも十分理解しています。

しかしながら、最後に手元に残るのは「人」だと私は信じているのです。人を救うのも人なら、人を幸せにするのも人。そして、生きる力であるSOCの土台も「人」であり、私たちの「自分世界」から人がゼロになることはありません。そして何よりも私自身が、「人」に支えられて今があると確信しています。

前著『他人をバカにしたがる男たち』でも紹介したようにハーバード・メディカル・スクールの研究者たちが1938年から75年間以上、2つのグループにおける心と体の健康を追跡した「グラント研究」では、「人を幸福にし、健康にするのは、温かな人間関係だった」という、極めてシンプルなことがわかりました。

「家族や友人、会社や趣味の仲間たちとのつながり」を持っている人は健康で長生きで、経済的にも成功している人が多く、「身近な人たちといい関係」にある人は、生活の満足度が高く、「いざというときに頼れる人がいる」と幸福感が高く、脳も元気で、記憶をいつまでも鮮明に持ち続けていました。

この研究を1972年から2004年まで指揮したハーバード大学の精神医学者、ジョージ・バイラント教授は、「75年もの長い月日と莫大な予算をかけたグラント研究が明かしたのは、シンプルな5つの言葉の結論だった」とし、こう結びました。

Happiness is love. Full stop. ――「幸せとは愛。以上！」

ジジイになった途端、幸せから遠ざかる

「LOVE」。ニッポンのオジサンにとって、最も縁遠いラブが、幸福な人生を手に入れる簡単な方法だったとは、なんとも皮肉です。

自分のパフォーマンスは「愛」で支えられていることも知らずに、「アピ潰し」や「閑職飛ばし」「さよなら、おっさん。」など、足の引っぱりあいで、幸福な人生への道のりをぶち壊している〝会社員〟のなんと多いことか。

足を引っぱってしまう気持ちが理解できないわけではありません。だって、人間だもの。ついつい〝伝統芸〟に手を出してしまうことはあるかもしれません。

でも、会社をリタイアした人をインタビューしたとき、こんなことを言っていました。
「自分は大した出世もしなかったし、仕事ができる方でもなかったし、人望がある人間でもなかった。大した会社員人生じゃなかったんです。なので退職の日も淡々と迎えました。そしたら、後輩がひとりやってきてね、『僕は○○さんがいたから今まで頑張れたんです。ありがとうございました』って泣いてくれたんです。いや〜、びっくりしましたよ。その一言で、灰色だった40年の会社員生活に色が灯った。ホントにうれしかった」

できることなら、悪魔がささやいたとき、ちょっとだけ立ち止まって周りを見渡してほしいのです。

そもそも「愛＝ＬＯＶＥ」とは何なのでしょうか？
かのレオナルド・ダ・ヴィンチは「愛は知識の母である」と説き、ヴィクトル・ユゴーは「愛することは信じることである」と語り、ヘルマン・ヘッセは「愛されることは幸福ではない。愛することこそが幸福だ」と論じ、マザー・テレサは「愛の反対は憎しみではなく無関心である」と述べ、マハトマ・ガンジーは「臆病な者は愛を表明できない。愛を表明することは勇敢さの表れである」と言いました。

なかなかどれも高尚で「うん、うん、そのとおりだ！」とうなずくしかないのですが、誰もが詩人や戯曲家になれるわけでもなければ、ガンジーやマザー・テレサになれるわけではありません。

駆け引きと損得勘定がはびこる「会社」という階層組織では、「知識の母」より「権力あるジジイ」に流れされがち。そして、「自己愛」の塊であるジジイになった途端、幸せとは真逆の方向に人生は転落します。

そこで、です。ＬＯＶＥはまぎれもなく「心」に宿りますが、ある意味「スキル」だと割り切ることも必要です。次の「ＬＯＶＥ４原則」を実践し、ジジイ化を食い止めてください。

【LOVE4原則】

Ｌ…Listen（聴く）

O…Over look（全体を見つめる）
V…Voice（声をかける）
E…Excuse（赦《ゆる》す）　または Enjoy（楽しむ）

「相手の話に耳を傾け、全体を見つめながらその存在を認め、声をかけて、すべてを赦す」
「相手の話に耳を傾け、全体を見つめながらその存在を認め、声をかけて、笑い飛ばす」

以上！　です。

ポジティブアクション・1　「筋トレ」としての挨拶

もう遠い昔のことなので忘れてしまっているかもしれませんが、「LOVEの基本スキル」を私たちはすでに幼稚園で学んでいます。

「悪いことをしたら謝りましょう」「親切にされたらお礼を言いましょう」「人に会ったら挨拶をしましょう」――。これらはすべて「LOVE」です。

あれほど毎日、幼稚園の先生に言われたのに、大人になると、なぜ忘れてしまうのか。数十年時計を巻き戻して、あの習慣を実践すればいいのです。

職場で「おはようございます」「行ってらっしゃい」「お帰りなさい」「お疲れ様です」を徹底してください。周囲の上司、同僚、部下はもちろん、顔と名前が一致しない他部署の人、顔も名前も知らないエレベーターの同乗者、業者さんに至るまで、みんなに挨拶をしましょう。

その際、「心」はいりません。あくまでも「スキル」です。心を入れるとややこしくなります。「なぜ、あいつは挨拶を返さない」だの、「あいつは苦手だから挨拶したくない」だの、「あの上司は陰気だから陰オーラが伝染したら嫌だな」などと思ってしまうので、「挨拶は筋トレ」だと思って続けましょう。

ポジティブアクション・2　自分から部下に声をかける

挨拶ができるようになったら、部下に声をかけましょう。

日本を代表する財界人であり、大企業のトップを務めた方が、「自分が今のポジションに上り詰められたのは『社員は全員、立派な社会人』と言ってくれた上司がいたからだ」と話してくれたことがあります。そう言われるたびに「しっかりやろう。やらなきゃ」という思いになった、と。

「立派な社会人」。いい言葉です。LOVE4原則に使えます。このお言葉、いただきましょう!

ポジティブアクション・3 「オバちゃん」を目指す

LOVE4原則の実践には、「オバちゃん化」も有効です。

大企業に比べ、地方や郊外の中小企業には社員をLOVEする社長さんが結構いるのですが、そういう職場には、例外なく元気なオバちゃん社員がいます。パートさんや正社員など立場はさまざまですが、スキルは熟達していて、人柄も明るく、頼れる存在であることが共通しています。

オバちゃんは「効率性」を気にしません。無駄話が大好物。遠慮なくズカズカと相手のプライベートに踏み込みます。それが許されるのは「人徳」と言ってしまえばそれまでですが、何より大きいのはオバちゃんは「立場」で人を判断しません。

そもそも階層の上階など目指してないので、上下関係にさほど興味がない。どんなポジションの人とも分け隔てなく話します。

人との間に垣根を設けずカッコつけない「オバちゃんキャラ」。目指す価値はあると思います。

思考停止から悪は生まれる

「イェルサレムのアイヒマン――悪の陳腐さについての報告」(Eichmann in Jerusalem: A Report on the Banality of Evil) というタイトルの裁判レポートを、『ザ・ニューヨーカー』(1925年創刊の米国の雑誌) に掲載したハンナ・アーレントは、彼女のアイヒマン擁護とも受け止められる内容により世界中から大バッシングを浴びました。

アイヒマンとは、アドルフ・アイヒマン。ナチスの親衛隊将校で、数百万人ものユダヤ人を収容所へ移送するにあたって指揮的役割を担ったとして、逮捕された人物です。

それを描いた映画『ハンナ・アーレント』で、アーレントが学生たちに説いた一節があります。

「彼（アイヒマン）は反論した。『自発的に行ったことは何もない。善悪を問わず、自分の意志は介在しない。命令に従っただけなのだ』と。世界最大の悪は、平凡な人間が行う悪なのです。

彼は、人間の大切な質を放棄しました。思考する能力です。思考ができなくなると、平凡な人間が残虐行為に走るのです。

〝思考の嵐〟がもたらすのは、知識ではない。善悪を区別する能力であり、美醜を見分ける力です。私が望むのは、考えることで人間が強くなることです。危機的な状況にあっても、考え抜くことで破滅に至らぬように」

絶対的権力による無力化。無力化による、思考停止。考える葦《あし》であるはずの人間が、考えるのをやめたとき、悪が生まれる。アーレントは、アイヒマンの裁判を傍聴し続けるうちにそう考えるようになりました。

「思考の嵐」。ドキリと胸に刺さる言葉です。アーレントの言葉は、「権威にすがったジジイの姿」そのものです。

ジジイ化は会社員にとって安易な道

大ジジイの陰謀に屈することなく「倍返し」した半沢直樹は、思考の嵐を止めることはありませんでした。大ジジイたちの黒幕として半沢直樹の足を引っぱり続けた浅野支店長、父親が経営する町工場の業績が悪くなった途端、手のひらを返したように裏切った〝クソ銀行員（木村直高）〟……。考え、動き、考え、動きを繰り返し、ジジイどもの不正をあばき、「倍返し」しました。そんな半沢直樹を支えたのは、同期たちの愛であり、妻の愛であり、「銀行員である前に人であれ」という父親の言葉でした。

会社という階層組織で〝ジジイ化〟の道を歩むのは、〝ジジイ化〟を防ぐことより、100倍簡単です。「自分の価値判断」を優先するより、放棄した方が100倍将来不安を回避できます。

でも、不安の反対は安心じゃないのです。半歩でもいいから前に進むしかないのです。

アーレントは「私が望むのは、考えることで人間が強くなること」と訴えましたが、私は「動くことでSOCが強くなること」と望んでいます。

「最高の自由」は人生後半戦にならないと手に入らない

誰もが「自由に生きたい」と願います。誰もが「若い人は自由だよね」とか「若い人は可能性が無限大に広がっているよね」と考えがちです。でも、30年近く仕事をしていると、「ん？　それってウソだよ！」とたびたび疑いを抱いてしまうのです。

だって、40代や50代の方が20代より明らかに世界や世間に関する知識は豊富だし、理不尽と予想外の連続の人生を経験している方が、しぶとさも出ます。人生の「武器」が増えているのだから、明らかに可能性は広がっているはずです。「最高の自由」は人生の後半戦にならないと手に入らないと、私は確信しているのです。

もちろん、年を重ねれば体力や記憶力に不安を覚えるようになります。でも、世間のルールや世間のまなざしに縛られない「自分の価値判断軸」を持つことさえできれば、可能性も自由も無限大に広がっていくに違いありません。

私自身、そう信じてもうひと、いや、ふた、いやいや、もう3つふんばりするつもりです。

では、最後に「倍返しするための10か条」で、私の「やらなければならない仕事」は終わりにします。

【倍返しするための10か条】

自分マックスを目指せ！
自分の決断を信じよ！
しんどいときは他人の傘を借りよ！
不安なときはひたすら目の前のことに没頭せよ！
足るを知れ！
「無駄」を大切にせよ！
大ジジイは人たらしであることを忘れるな！
逃げ出したくなったら「自分のやらなくてはならない仕事か？」と自問せよ！
10回に1回は、とことん踏ん張れ！

それでも、ジジイ化してしまった人のために

第1章で登場したナカタさんが、大ジジイからどうやって抜け出せたかを、お話ししておきましょう。

カワイ「孤独の日々をどうやって脱出したんですか？」
ナカタ「すがったんです」
カワイ「すがった？　というのは？」
ナカタ「会社にいる頃から、コーチングの研修に何度か誘いを受けていたんですね。その頃は俺には俺のやり方があるって自信満々だったから相手にしてなかった。ところが、会社を辞めて半年くらい経った頃に、偶然また電話がかかってきて。そのとき僕は『行きます』と即答した。自分でもわからないけど、どん底にいた自分は誰かにすがりたかったんだと思います。

それでとにかく研修に参加して。プロのコーチングを受けて、違う自分を見つけることができたんです」

「すがる」とは一見あまりよくない行為のように捉えがちです。
なかには「カルトにでも走れというのか！」と勘違いする人もいるかもしれません。
でも、彼の言葉を文脈で捉えればわかるように、それは「自分だけでできることには限界がある」と認めること。それは「社会の中にいる自分」のまなざしを取り戻した瞬間でもあります。比較可能な他者との競争が尽きない会社組織では、「自分の限界」を認めることは敗北宣言のように思えてしまうかもしれません。でも、すがってでもなんでも動けばそれでいいのです。

そして、倍返ししてください！　あなたの「ＬＯＶＥ」を世界に！

これにてホントウにお・し・ま・い！

河合 薫 かわい・かおる

東京大学大学院医学系研究科博士課程修了。千葉大学教育学部を卒業後、全日本空輸に入社。気象予報士としてテレビ朝日系「ニュースステーション」などに出演。その後、東京大学大学院医学系研究科に進学し、現在に至る。「人の働き方は環境がつくる」をテーマに学術研究にかかわるとともに、講演や執筆活動を行っている。著書に『他人をバカにしたがる男たち』『残念な職場』『面倒くさい女たち』等。

日経プレミアシリーズ 400

他《た》人《にん》の足《あし》を引《ひ》っぱる男《おとこ》たち

二〇一九年五月八日 一刷

著者 河合 薫

発行者 金子 豊

発行所 日本経済新聞出版社
https://www.nikkeibook.com/
東京都千代田区大手町一―三―七 〒一〇〇―八〇六六
電話（〇三）三二七〇―〇二五一（代）

装幀 ベターデイズ

組版 マーリンクレイン

印刷・製本 凸版印刷株式会社

ISBN 978-4-532-26400-0 Printed in Japan

日経プレミアシリーズ 348

他人をバカにしたがる男たち

河合 薫

駅やコンビニで暴言を吐く、上だけを見て仕事する、反論してこない人にだけ高圧的、相手の肩書き・学歴で態度が別人――こんな人、気になりませんか？　本書では、女性の中でも進む、現代人の「ジジイ化」に焦点を当て、健康社会学の視点から、わが国にはびこる「ジジイ」と「粘土層」の生態を分析。70歳現役社会で男女が輝くヒントを紹介します。

日経プレミアシリーズ 372

〃社風〃の正体

植村修一

御社は、どんな社風、文化ですか？　こう聞かれて何も思いつかない人はいない。だが「社風、企業文化とは何か？」と問われると答えに困る。本書は、そんな「組織体質」の謎を解明し、国、地域、業界でどんな違いがあるのか、またパワハラが横行するブラック企業、不正続発の会社、イノベーションを生む会社の間にはどんな違いがあるのか詳しく解説する。御社の社風、企業文化を再点検してみませんか。

日経プレミアシリーズ 373

かかわると面倒くさい人

榎本博明

シンプルな話を曲解してこじらせる、持ち上げないとすねる、みんなと反対の意見を展開せずにはいられない、どうでもいいことにこだわり話が進まない、「私なんか」と言いつつ内心フォローされたがっている……なぜあの人は他人を疲れさせるのか？　職場からご近所、親戚関係まで、社会に蔓延する「面倒くさい人」のメカニズムを心理学的見地から徹底的に解剖する。